続 ファンタジー マネジメント
支援者を呪縛する煩悩との対話

小栗 正幸 著

ぎょうせい

はじめに

　本書は二〇一五年版『ファンタジーマネジメント』（ぎょうせい刊）の続編である。前作が出版されてから五年、その間の学校支援を通して、私自身がいろいろな経験をさせていただいた。そして二〇二〇年はコロナ禍、子どもたちの登校すらままならぬ学校、新たな学習スタイルの模索、忘れ得ぬ時間を親しい教師と共有する日々、やがて学校が徐々に本来の姿を取り戻し、児童生徒にも日常の香りが届くようになってきた。そんなとき、本書は産声を上げようとしている。そこで、前作と本書の違い、それに託した私の願いを簡単に紹介し、本書の序としたい。

　まず前作と本書は、次の三点において切り口が異なる。

　その一点目、前作は支援対象者への支援と、支援者への支援、その双方に配慮しながら書き進められている。それを本書では、支援者への支援に視点を絞り込むようにした。

　次に二点目、前作では、対話本であると同時に、対話の解説本という側面にも意を配った。それを本書では、解説も含めて、私と教師との対話の中で表現するように工夫した。

そして第三点目、本書では前作にはない新しい論点を用意した。それは支援者を呪縛する思考の落とし穴を「煩悩」という言葉を通して述べることである。なぜ、「こだわり」でも「固執」でも「決めつけ」でもなく、「煩悩」なのか。本書では、そのスピリチュアルで、少々妖しい吸引力を「煩悩」という言葉へ置き換え、眼下の魔性を語るのだが、この煩悩の栄養源は、何と人の「善意」とか「情け」だとする辺り、我ながらよくぞ考えたものだと、感心しきり。それをファンタジーマネジメントの真骨頂として、以下の本文をお読みいただければありがたい。

なお、本書において私が目論んだのは、前作の副読本は本書に、本書の副読本は前作にと、前作と本書、この双方へ橋を架けることであったが、この目論見が成功したかどうか、それは読者のご慧眼にお任せしたい。

二〇二一年一月

想い出のロスコ、ネココ、ロッキー、ナッキー、
アビノスケ、トラ、ロンキチ、チビ、タイガへ。

目次　続・ファンタジーマネジメント　支援者を呪縛する煩悩との対話

第Ⅱ部　手帳から

第Ⅲ部　煩悩との対話

第I部

煩悩

本書のキーワードは「煩悩」である。煩悩とは、元々仏教用語で、修行や悟りへの道を妨げる、心の奥底にある雑念のようなものらしい。そして本書では、支援を受ける人の側ではなく、支援を行う人の側に立ち、支援を妨げてしまう支援者自身の「思い込み」や、それへの「執着」について、煩悩という仏教の言葉をお借りして述べていく。

支援者を呪縛している煩悩の解除法を示すこと。解除法とは、支援者と支援対象者の対話であること。それを体現したものが本書であること。その冒頭を飾る第Ⅰ部は、本書でいう「煩悩」が、如何なる問題の所在につながるのかということ、つまり第Ⅱ部以降の扉を開く序説である。

第一章 巡回

私のバッグには、いつも小さな黒い手帳が収まっており、各地の学校から巡回を依頼されると、この手帳は頼もしい同行者になる。

学校への巡回は、ケース相談という私の仕事である。行く先々で何人かの子ども、あるいは青少年、ときには大人が私を待っている。とはいっても、そういう人が私を呼んだのではない。学校から「この人を見てほしい」と頼まれるのだから、ご本人からすれば、迷惑千万な話かもしれない。私はいつも「ごめんなさいね」と思いながら学校を訪れる。

それでは、私が学校訪問に至る前の事前手続きと、学校訪問時の留意事項をお話ししておこう。手順としては、まず各校を管轄する教育委員会において、予めケース会議の日程を、午前と午後各一校の配分で調整していただき、学校訪問には教育委員会の指導主事も同席していただく。また、できれば一か所での観察者数は三ケース以内にしていただく。

なぜなら、こうした状況で、一度に三ケース以上観察すると、私自身が注意散漫になって、ケース理解が浅くなってしまうからだ。ときには、一度に五ケースとか六ケース、場合によっては一〇ケース以上出てくるときもあるが、はっきり言わせていただくと、私は行動観察の精度を落としたくない。要するにケース理解の安全性を担保したいのである。そして、ケース会議で議論したことは、学校がその大要をまとめ、後日教育委員会へ報告していただくようにする。

さて、実際の学校訪問である。私が学校を訪問したときには、支援対象者のお顔を拝見する前に、学校の教師から、「観察対象者はどのような人なのか」という人物像を教えていただく。それに併せ、「その人の何が心配なのか」「何を知りたいのか」「何をしたいのか」というリクエストも承っておく。その際私は、事前の資料の作成や送付をお願いすることは（通常は）行わない。依頼者に手間を掛けていただくことは申し訳ないし、個人情報漏れも怖いからだ。もっと正直に言えば、書面を読むより、実際に教師やご本人とお会いして情報を得た方がよく分かるからである。

そこで、まず教師との面談である。学業成績を含め、観察対象者が書いた物や描いた物（産物記録）、発達検査や心理検査の結果、専門機関にかかっている場合は、専門家の所見や診断結果、投薬されている薬があれば、その内容、もちろん成育歴やこれまでのエピソードなどもお聞きする。こうしたことを書面にまとめていただくのには、膨大な手間をお掛けすることになり、如何にしても申し訳ない。実際にお聞きし、目で見させてもらえれば、その方が一目瞭然、通常は二〇分くらいの面談で十分だ。

　そこで、いよいよ行動観察対象者のお姿拝見となり、冒頭で紹介した私の手帳が登場する。身長、体重、表情の特徴、声の高さ・低さ・大きさ、語調、言葉の流暢性、肌の特徴、外傷の有無、視線の向け方、立ち振る舞いの姿勢、身振りや手振りの特徴、歩き方、運動能力、髪型、服装、対人態度、対人交流のスタイルなど、直接目で見、耳で聞くことのできる対象者像を、思うに任せて記録していく。そしてケース会議である。

　そこでお断りしておきたい。正直、身も蓋もない書き方で恐縮だが、その日の朝まで名前すら知らなかった人、その人を短時間観察しただけで、土台何かが分かるというものではない。とはいえ、お顔も拝見せずに、特定の人についてものを言う、これもまた失礼な話である。少なくともご尊顔は拝し奉り、手帳に記載した私の印象は大切にしたい。そしてケース会議である以上、当たらずとも遠からず、最大公約数ではあっても、観察対象となった人の、個別の支援計画の基本デザインを満たす程度の所見はお伝えしたい。それは要観察対象者として、特定の機関から行動観察の依頼を受けた者として、私が果たすべき最低限度の責務だと思うからである。

それに関連して、「様子を見ましょう」という言葉は禁忌だと思っている。行動観察対象者に特定の課題を与え、「三週間程度様子を見てください」と申し上げることはある。しかし、それには具体的な理由があって、行動観察対象者に期間限定的な課題を与え、そこで生起する行動を観察してほしいという、私からのお願いであり、漫然と様子を見ようと申し上げているのではない。私は、ともかく依頼を受け、特定の人に遭った。そこで行動観察対象者から、何らかの印象を受けた。それは、とてもケース理解と言えるようなものではないにしても、一つの出会いという事実への感想を依頼者にはお伝えする。例えばこんな具合に。

「今日、教室へ入らせていただいたところ、何人かの生徒さんが私の方を見ました。彼もその中の一人でした。そのこと自体は自然な反応だと思います。でも、他の生徒さんが授業へ関心を戻しても、彼だけは（ニコニコした顔つきで・あるいは興味津々の顔つきで・あるいは俺を見に来たのかというような警戒した顔つきで）私への視線を外しませんでした。一度気が散るとなかなか元へ戻せない人のようで、授業への集中を邪魔してしまい、気の毒なことをしました」と。

通常であれば、ここから観察対象者への支援へと話題が展開するところである。しかし、本書ではその展開先が違う。本書のテーマは支援対象者への支援ではなく、支援者への支援だからである。

第二章　先入観

初対面、一目見た姿、そこでの出来事や相手の言動、そうした機会に得られる、子ども像、大人像、印象、これが先入観の出発点になる。観察者（支援者）が、こうした先入観に対して、無関心、まして無感動であっては困る。それは、一種の虚無主義にもつながる資質だと思うからだ。とはいうものの、先入観は少々やっかいなものでもある。そのことへの問題提起、本章ではそれを行う。

繰り返しになるが、初対面の印象、それ自体は悪いものではない。それなくして次はないからである。だから私は、初対面の印象を大切にする。ただし、それのみで相手を知遇すること、これは戒めたい。ここまで書くと、一斉に「そんなことは分かっている」という読者の声が聞こえてきそうだが、物事はそうそう簡単にはいかない。初対面の印象は良い意味でも悪い意味でも、私たちを束縛するからである。

第二章●先入観

前章でも述べたとおり、私は子どもにしても大人にしても、一人の人を理解するのに、かなりな量の情報を必要とする。そして、それと同時に、一期一会とも言える出会いの印象も大切にする。どちらに重きをおくか、それを問うのは愚問。どちらも大切に決まっているのだから。ただ、これだけは言っておきたい。私の手帳に書かれている観察時の印象、これはまぎれもない私の実体験である。そして後々まで記憶に残るもの、それは確実に実体験の方なのだ。

そういう意味で私は、つくづく理論的ではなく、感覚的な人間だと思う。そもそも、子ども理解にあたって、相当な情報量を必要としながら、あえて予めデータを送付してほしいとは思わないところ、ここにも私の感性重視の姿勢が反映されている。これは、行動観察対象者には、できるだけ真っ白な状態で出会いたいという私の本音なのである。そしてケース会議の席上では、前章で述べた基本データは必要とするが、文章になったレポートより、箇条書とか一覧表で十分。それよりも、口頭説明における報告者の語り口、表情、その場の雰囲気等、そこから得られる印象、これが基本データの数値と融合し、行動観察の内容がさらに深まっていく。これが私には理想的なケース理解のプロセスなのである。

さて、それと関連する話だが、自分は先入観で子どもを見たくない、だから過去のエピソードや専門機関の所見等のデータは不要だ、と豪語される方と（以前は）けっこうお会いした記憶がある。私は個人的にはそういう豪傑のような人は嫌いではなかった。支援対象者の方より、そうした人の方に好奇心をそそられる、という皮肉な意味での興味からだ。しかし大抵は失望した。そうした人の多くは、力強く肝っ玉のすわった人でも、細かいことにこだわらない、大らかな人でもなかったからである。つまり、そういう人は先入観抜きで支援対象者と接したように見せながら、例えば相手が自分の意に従ってくれない状況が生じると、支援対象者のことを「やる気のない人だ」と評したり、「家庭に問題のある人だ」と評したり、目の前にある課題（自分の意に従ってくれないこと）以外の先入観へと、責任の転嫁を図る人が多かったからである。

ここで勘違いされないように。私は先程、支援対象者には、できるだけ「真っ白な状態で会いたいと思う」などと書いた。しかし私は自分のことを、肝っ玉のすわった大らかな性格だなどと思っていない。私の先入観に対する姿勢は、そうした豪傑のような資質とは無関係なものである。たしかに私は、行動観察対象者と出会ったときの、最初の第一印象をこそ大切にしたいと思う。しかし私は、それを信条にする程の自信家ではなく、絶えず心の中に、「本当かな？」という懐疑の念がうごめく。だから第一印象の担保がないと安心できない。そこで、出会いの直前と直後に、かなりな量の基本データを必要とする。ここは、本当に大切なところなのでご用心を。

例えば、一目惚れという言葉があるくらい、第一印象は魅惑的なものである。それだけに人の心を引きつける。それは下手をすると執着にもなりかねない。つまり本書でいうところの煩悩である。われわれには、いついかなるときでも、「本当かな？」という懐疑の念、そして第一印象を満たす担保にあたる「安心感」を保証する情報、この双方が必要なのである。

第三章　思い

支援対象者を目の前にした支援者が、子ども、青年、あるいは大人とは、「かくありたい」「かくあるべし」という思いを持つ、そのこと自体を私は悪いことだとは思わない。それがなければ、そもそも支援という営みそのものが始まらないからである。ただ、それは支援者の思いであって、支援対象者の思いではない。そこさえ分かっていれば、これはさして大きな問題にはならないと思う。また、学校の教師にこの件を尋ねれば、「そんなことは分かっている」とおっしゃることが多い。しかし、実際の支援場面では、支援者の思いが支援対象者に伝わらず、結果的に状況を混乱させていることが決して少なくないのだ。こうした、支援者と支援対象者のすれ違いはどうして起こるのか、その理由を考えるのが本章の課題である。

さっそくだが、この状況で支援者の思いが支援対象者に伝わらないのはなぜだろう。おそらくその理由はさして難しいことではないと思う。つまり、この状況で困っているのは、支援対象者ではなく、支援者だからである。考えてもいただきたい。困っている支援対象者が支援者に助けを求める、この図式を前提にして話が進めば、われわれの仕事は楽勝、まさに良き支援対象者「ござんなれ」なのだ。支援者は「このままだと支援対象者は将来困るだろう」と思う。しかし支援対象者は困っていない。この状況でいくら「かくあるべし」を提示しても、その願いは「打っても響かず」なのである。かといって、支援者も支援対象者も、それぞれ別の課題で困っている、この状態も、支援者の思いと、支援対象者の思い、この両者がよほどの利害一致を起こしていない限り、相互理解は損なわれるだろう。なぜなら、異なった感情の交わし合いのみでは、双方の共感など得られないからである。ここは、支援者には本当にご用心いただきたいところで、支援者の「これでは支援対象者は将来困るだろう」という思い（善意）も、支援対象者には、「訳の分からないことを言ううるさいやつがいる」としか受け取られない場合がある。現に私は、そうした経過をたどって怪しくなってしまった支援者と支援対象者を、嫌になるほど見てきたのだから。

　さて、なぜこの経緯の中では利害一致が起こらないのだろう。その理由は既に書いたとおり、はっきり言えば「このままでは支援対象者は将来困るだろう」という、支援者の善意の押し売りになっているからである。しかし、そのことへの支援者の問題意識は、それが自らの善意に基づく観念であるからこそ、なかなか気付かれにくい。お分かりだろうか、この善意こそが支援者を呪縛する煩悩になっている。そこで大切なのは、煩悩とは理性の課題ではなく、感情の課題であり、支援者の感情は、支援対象者の感情によって増幅されるということである。この実態は、第Ⅱ部以降にたくさん出てくるが、この感情の呪縛を解くことこそが本書の主題（ファンタジーマネジメント）である。そして、本書でいうところの「煩悩」を構成しやすい、団塊（ノジュール）のようなもの、それを読者に伝え、第Ⅱ部以降で展開する煩悩対応への準備性を高めていただくこと、それが第Ⅰ部の役割ということになるが、おそらくそうした中で最も取り扱いに注意すべきもの、それが「善意に支えられた思い」であろう。なぜなら「善意」とは、どこまで行っても「善意」だからである。

　ついついややこしい書き方をしてしまったので少し補足する。要するに、善意とは人であるがゆえの徳なのだと思う。しかし、その徳とは「思う」ことの彼岸、つまり「相手に伝わる」ことによって、真の徳（善意）になると考えるべきだろう。

　仮にこれが相手に伝わらないとすれば、それは相手との「やりとり」に不都合が起こっているということだ。「やりとり」の不都合があるのであれば、それは「やりとり」を通してしか解除できないのではないか。そのために必要になる支援者への配慮、それを本書では、調整（アジャストメント）より強い意味を込めて管理（マネジメント）と呼ぶ。それは煩悩が通常のやり方では解除が難しい怪物だからである。それの一つが、ここで紹介し、後程読者も再び出会うことになる、善意という衣（思い）をまとう煩悩だと考えていただきたい。

第四章　問い掛け

私は、巡回に訪れた学校の教師に、よくこんな問い掛けをする。

「学校は、子どもの学びや育ちを支えるための教育的環境ですが、それを組織体として捉え直すと、学校という大きな組織の中に、三〇人とか四〇人の学級というセクション（部局）があり、取り扱う課題によっては、その部局がさらに細かい班に分かれ、班活動によって課題解決に取り組む。そして一年後の目標達成を目指して頑張る。こうした機構が学校という組織体を支えている、私はこう考えていますがいかがでしょうか」。私からのこの問い掛けには、大抵「まあ、大きく外れているとは思いませんね」という返事が返ってくることが多い。

そこでさらに、「これって、ある程度以上の人員（スタッフ）を配する組織、つまり特定の営利を目的に設立された企業体の構造とよく似ているように思われませんか」と問い掛けると、やはり「そう言われればそうですね」という返事が返ってくることが多い。

そこで、質問の矛先を少し変え、「ところで、先生方はそうした組織体としての学級運営に溶け込めない、あるいは協力的になれない児童生徒に困っておられるのではないのですか」と問うてみる。そうすると「そう、まさにそうなのです」というお言葉が、異口同音に寄せられる。そこで問い掛けを元に戻し、「実は私も先生方と同じ感想を持っているのです。そして先程述べた学校という組織体が、ある程度以上のスタッフを抱えた企業体の運営構造と似ているのも事実だと思います。さらに言えば、こうした組織体から構成される日本の企業は、中小企業はもちろん、大企業に至るまで、規模や活動範囲の大小を別にすると、ほぼ同じだと思うのですが、いかがでしょう」。この質問にも、ほとんどの先生方が「細かい相違はあるとしても、まあ大まかなところはそうだと思いますね」と肯定されるのだ。そこで、話の展開をがらりと変えてみる。

「ところで、話は変わりますが、先生方に賛同いただいた企業体を構成している職場に、先生方の目の前にいる子どもさんたちは、どの程度就職していきますか」。この質問への先生方のお答えがとても興味深い。ほとんどの先生方がこうおっしゃるのである。

「それは、子どもの特性によって違うと思いますが、先程のお話に出てきたような、いくつかの部局を持ち、一年先の業績を目指して頑張るような職場へ就職する子は多分半分くらい、多く見積もっても六割くらいでしょうか」とおっしゃるのである。そこで、「それでは後の半分くらい、あるいは四割くらいの子どもさんは、どんな職域でお仕事をされるのでしょう」と質問してみる。するとそのお答えはほぼこれ。「それは、職業というものは多様ですから、きちんと調べてみないと簡単には答えにくいですね」なのだ。先生方からのこの返答は正しい。つまり職業とか職場はまさに多様なのである。しかも、とても大切なことは、多くは地域に多少馴染めなかった子どもでも、学校を卒業すれば、先生方の心配をよそに、多くは地域の職場へ適応していく。つまり一部の例外（第Ⅱ部以降を参照）を別にして、多くの子どもたちは、地域を支える一員として就労し、大人になっていくのである。

そこで先生方にこう尋ねてみる。「学校に馴染めなかった子どもでも、多くは地域社会に馴染んでいくのはなぜでしょう」。この質問への先生方からのお答えはほぼこれ。「おそらく地域社会の方が学校より多様性があるからではないでしょうか」。先程と同じく、この答えも確実に正しい。そこでさらに、「私もそうだと思っています。でもその多様性とは、一口で言うと何でしょうか」と問うてみると「う～ん」と答えに窮される方が多い。そこで助け船を出す。「おそらく職業的なキャリアの違いということだと思います。つまり、地域社会が求めている職業人のキャリアは、学校が想定するものより広い、だから学校には卒業式があるのだと私は思っています。そう、卒業式です。これがあるから、子どもたちはその区切りの先に、学校より広い活躍の場を見出していく。自己実現とは、本来そうしたものだと思いませんか。だから自己実現の卒業式なんて聞いたことがない。それは人生そのものだと思うのです」。この対話の展開、記憶の隅に留めておいてほしい。このやりとりは、支援者を呪縛する煩悩との対話そのものであり、第Ⅱ部以降の展開で、繰り返し出てくる対話法にもつながっているからである。

ということで、本章の役割は、ここまでで十分、ここから先は本章と「対の関係」をなす次章の課題である。

第五章　キャリア

そうなのである。子どもたちはいったい、地域社会のどのような職場へ溶け込んで行くのだろう。そこで、一つの産業モデルとして、平成二七年版国勢調査における産業分類項目表の大項目だけを並べるとこうなる。

A農業・林業　B漁業　C鉱業・採石業・砂利採取業　D建設業　E製造業　F電機・ガス・熱供給・水道業　G情報通信業　H運輸業・郵便業　I卸売業・小売業　J金融業・保険業　K不動産業・物品賃貸業　L学術研究・専門・技術サービス業　M宿泊業・飲食サービス業　N生活関連サービス業・娯楽業　O教育・学習支援業　P医療・福祉　Q複合サービス事業　Rサービス業（他に分類されないもの）　S公務（他に分類されるものを除く）　T分類不能の産業。

さて、この中で学校と同じように、ある程度以上の児童生徒（従業員）を抱え、その中がいくつかの部局に分かれるような組織体がどの程度あるのだろうか。まあ、ここでは、それ以上に細かいことまで追求するつもりはないが、実社会は学校とは比較にならないほど、産業構造が多様なことは納得できるであろう。

そこでとても大切なことは、前章で述べたことの繰り返し、学校に馴染めなかった子どもでも、学校を卒業すれば大抵は地域社会に馴染んでいく、つまり仕事に就き、地域を支える一員として、当たり前に活躍しているという事実がある。至近な例を挙げれば、休日のあなたが街を歩いていた。そこへ宅急便を運ぶ軽四輪車が近づいてきて一旦停止し、運転手があなたに笑顔で手を振りながら、「先生お久し振り」の一言。ハッとして見ると、在学中提出物を出せなくて、あなたに散々手を焼かせたAくんだ。あなたも「あれまあ、久し振り、元気そうだね」と笑顔を返す。よくある風景ではないだろうか、という訳だ。ここは、私が学校の先生方に最も分かっていただきたいことの一つである。

先に示した大分類の下には、複数の小分類項目がある。ここで引用している産業分類は、厖大な全体像から構成されている。そして、ここで私が国勢調査の資料を持ち出したのは、日本人が担っている職業、つまり子どもたちが漕ぎ出していく「大海」の広さを示したいと思ったこと以外に他意はない。

なぜこんな寄り道（のようなこと）をしたのか。それは、学校などの組織体が体現している社会的事象は、職業に関するキャリア（職業という複数の社会的集合体を構成している価値・習慣・態度・経歴・能力・スキル・人脈などの総体的な特性）の一分野に過ぎないことを示したいがためである。そこで思い出してほしいのは、第三章の冒頭に示した、支援者（学校の教師）が抱く「支援対象者はかくあるべし」という思念である。

そして大切なことは、どのようなときに、この支援者の（支援対象者とは次元の異なる）思念が頭をもたげてくるのか、ということである。それは支援対象者への支援が思ったように進まなくなった場面ではないのか。例えば、学校であれば子どもが学級運営に溶け込めない、あるいは学級での協調課題への協力が得られない、そうした場面のことである。そして、前章で書かなかったこと、そういうときに私たちは、自らの思念にそぐわない子どもたちの言動を、「学校不適応」の範疇で捉えてきたのではないのか。前章に続き、これが本章での問題提起である。そこで私は学校の教師と対話を交す。

「子どもたちは将来社会の中で自立していきます。自立の定義を一口で述べることは難問だと思いますが、要するに子どもたちが社会の中で自己実現していくこと、つまり自分の人生を歩むということとほぼ同義語のように私は思っています。その際、人生を論じる以上、自分の生活を支える職業というものが大きな意味をなすことに間違いはないでしょう。そして、子どもたちが将来担うことになる職業というものは、極めて多様だということとも間違いのない事実だと思います」

「その場合、学校が子どもたちに提示しているのは、一つの職業キャリアに基づくやり方に過ぎず、それに対応してくれない子どもたちは、自分のキャリアはそれとは違うと主張しているのではないでしょうか。これを学校不適応の範疇で捉えることの不自然さは、先生方が皆さん気付いておられることだと思います」

「このお話を学校の先生にするのは、まさに釈迦に説法であることを承知の上で申し上げます。キャリア教育と従前の職業指導の違いは明白ですね。つまり持続性と連続性という概念への配慮について、圧倒的な違いがあるということです。文部科学省は言っています。『個々人が生涯にわたって遂行する様々な立場や役割の連鎖及びその過程における自己と働くこととの関係付けや価値付けの累積』と。厚生労働省も言っていますよ。『「キャリア」とは、過去から将来の長期にわたる職務経験やこれに伴う計画的な能力開発の連鎖を指すもの』だとね。だとすれば、キャリア教育とは従来の職業指導に、子どもたちの自己実現の一部である職業の概念や役割を盛り込んだもの、つまり『みんなちがってみんないい』の体現だと思えます。これこそ、先生方にしか果たせないお役目だと私は思っています。ぜひとも、学校が担っている企業形態以外の子どもたちの姿も尊重していただき、先生方がなさろうとされている、多様性のある人生を学ぶ場としての学校運営にエールをお届けしたいと私は思うのです」とね。

ここで「多様性のあるキャリア教育のさらなる推進をお願いしたいなどと言うのは、頑張っている先生方に対して野暮の極みだと思いませんか。これは断じて皮肉ではありません」とダメ押しの一言を。

この展開も、煩悩との対話の真骨頂なので記憶に留めておいてほしい。

第六章 固執性

本書の主題「支援者を呪縛する煩悩」とは、支援の場面において、どう考えても効果的な支援に結び付くとは思えない特定の観念に、支援者が「凝り固まってしまう」現象のことをいう。これは、要するに固執ということだが、そもそも固執というなら、今まで述べてきた「先入観」にしても、「思い」にしても、学校が体現している特定の「キャリア」にしても、大なり小なり、支援者の固執の範疇に入るものだろう。

それをあえて、本章に「固執性」というタイトルを付し、別仕立てにしたことには理由がある。というのは、たしかに支援者が特定の観念に凝り固まってしまうこと、それも困ったものだが、その点については支援対象者も人後に落ちないのである。つまり、支援対象者が支援者をへこませて余りある固執性を発揮するから、それに煽られた支援者がさらに自らの固執性を強める。するとそれが支援対象者のさらなる固執性を煽る、それがまた支援者を煽るといった具合に「いたちごっこ」が繰り返される、これを何とかしたいから、固執性を独立した章仕立てにすることには十分な意味があると考えた。また、支援対象者の固執性を緩和する支援法は、そのまま支援者の固執性を緩和する支援法にもつながるので、その基本原理はぜひとも知っておいていただくべきだと思ったからである。

そこでまず、支援対象者の固執性から述べていくが、それは支援者の側からは「こだわり」と呼ばれることが多い。つまり支援対象者の決め付けを伴う強度な自己主張、例えば皆の目が冷たいから教室へ入れないという決め付け、嫌なことは絶対にやろうとしない決め付け、何でも一番にならないと気が済まないという決め付けなど、いろいろある。

そして、この決め付けには大きな特徴があり、それは指導に当たる支援者に多大な不快感を与えることである。つまり、支援対象者の訴えに、支援者も十分納得できる理由があるのであれば、われわれはその主張に耳を傾けることができる。しかし、これといった理由などないのに、それを訴えること、自己主張することへのエネルギーばかりが強いと、われわれには何が起こるのか。これはあえて書くまでもないことだが、支援対象者の訴えを聞き、支援対象者のことを心配する前に、われわれはその自分本位な訴えによってイライラさせられてしまうのだ。ここで支援者が腹を立て、感情的になってしまえば、それはミイラ取りがミイラになったという寓意そのもの、支援者としてあってはならない、不適切な指導を行ってしまう危険性が高まる。もちろん、われわれもそれほど愚かではないから、そこはグッと我慢し、冷静に対処しなければと内省的になる。しかし不思議なことに、これほど困っていながら、われわれは誰からも「こだわり対応」の基本を教えられていない。どうして教えられていないのか、その理由は第Ⅱ部以降で詳細を述べることなので、ここでの深入りは避けたいと思う。しかし、はっきり言えることは、こだわり対応の方法を知らないことによって巻き起こる悪性のストレスによって、体調を崩してしまう支援者は、学校の教師だけではなく、あらゆる支援領域で後を絶たない。自己主張にばかり終始し、依頼すべきことが要求になる、それどころか攻撃的になる、そうした支援対象者にどう接すべきか、これはもう「こだわり対応」というより「トラブル対応」の領域になるが、その解説をするために、私は本書を編んでいるのである。

　さて、ここまで問題提起をすれば、本章の役割はほぼ終わりである。ただ、固執性とはまさに煩悩の代名詞のようなものなので、本章の末尾に、固執性への対応を含め、今後の展開を予告しておきたい。

　さて、固執性対応、すなわち「こだわり対応」には、支援者は支援対象者の「こだわり」に「こだわってはいけない」という原則がある。例えば、われわれが今まで、支援が困難な支援対象者に対処してきたやり方は、大きく分ければ「説諭（言い聞かせ）」と「傾聴（受容）」の二つであろう。ところが、この二つのやり方が「こだわり」には十分な効果を発揮しない。その理由は、この二つの支援法がこだわり対応の基本を満たしていないからである。その点をよく耳にする「皆の目が冷たいから教室へ入れない」という訴えを通して説明してみたい。例えば説諭では「それはあなたの考え過ぎと違いますか」というような言い聞かせが行われる。しかし、こうした説諭を行う支援者は、「皆の目が冷たい」という支援対象者の言葉にこだわって、「それは考え過ぎと違うか」と言い聞かせているのである。一方の傾聴では、支援者は「皆の目を苦しいと感じるのはつらいですね」と支援対象者の訴えに寄り添い、その訴えを支援対象者の感情を含めて受容しようとするだろう。しかしこの傾聴も、支援者は支援対象者の「こだわり」に「こだわっている」ことに気付いていただきたい。つまり、一口に言えば説諭も傾聴も、こだわり対応としての及第点が取れていないのである。それではどうしたらよいのだろう。

ご安心いただきたい、本書では終始一貫、支援対象者のこだわりにこだわらない、言葉のやりとり（対話法）を提示していく。また、支援者が支援対象者のこだわりにこだわってしまう要因には、既に述べてきた善意などの思いや、次章で紹介する情緒性の課題が関与することが多いのだが、これも本書で終始一貫指摘する、情緒的な介入を少なくする支援法を中心に、煩悩からの解放につながる対話の工夫を示していくことになるからである。ということで、次章の扉を開くことにしたい。

第七章　情緒性

皆さんは感情と情緒の違いを考えたことはおありだろうか。もし大学で心理学を学んだ読者であれば、これの講義に熱弁を振るう教授の姿を懐かしく思い出される方も多かろう。すなわち、感情とは人や動物が特定の出来事や対象に抱く気持ちのことで、簡単に言えば喜怒哀楽の諸相だと。これに対し情緒とは、言葉を獲得した人間独得な気分の持ち方を反映するもので、刺激～反応の要素が強い感情より、当事者の個別的な意味や文脈を内包する、より持続的な気持ちのことを言うと。

もっとも情緒には、心理学とは異なる国語的な理解の仕方もある。例えば、日本人は微妙な気持を起こさせる独特な雰囲気の一部を情緒と呼び、この趣き（おもむき）を意味する「情緒」という単語は英語にはないらしい。これは日本人が、情緒という言葉に特別な親近感を覚えるからだ、という捉え方である。私は心理学専攻者でありながら、心理学の解釈より、後者のそれの方が好きだ。それはそうだと思う、かの本居宣長先生が、日本的美学（歌学）のキーワードとした「もののあわれ」の心、これは私たちの中にも綿々と引き継がれている（と思いたい）自分がここにいるからだ。そして、くだんの教授の手にかかると、「小栗くん、その持続的な感情こそが、心理学的な意味での情緒でもあるのだよ」ということになりそうだが……。

さあ、長広舌はこの辺りに、ここで述べたいことは次の一点。つまり、日本人には、情緒という言葉と、心という言葉、両者の融合が起こりやすいということ。例えば二〇世紀の半ば過ぎから、ロジャース流の来談者中心療法（非指示的カウンセリング）が、欧米における精神分析へのアンチテーゼ的な意味合いを少し薄め、人間性（心）の心理学として、せきを切ったように、私たちの元へ浸透したことなどはその好例だろう。その結果、特に日本の心理臨床領域は、この人間性（心）の心理学に塗り潰されたかのような様相を呈していく。すなわち傾聴受容によって心理臨床を組み立てる方法論である。ここで誤解されないように。私は決して人間性（心）の心理学を否定しているのではない。これが、人への心理的介入を支える基本姿勢であることなど、あえて述べるまでもない事実だからである。それならば、この方法論のどこに問題があるのだろう。ここで述べたい人間性（心）の心理学に内在する問題点は、これもただ一点、支援者が支援対象者に与える情緒的負荷に対して、余りにも無頓着なことである。

考えてもみてほしい。支援対象者の言葉に耳を傾け、寄り添い、受容する、これは支援対象者の情緒性を尊重し、それに支援者の情緒性でもって応えることではないのか。仮にこの場面での図式がそのとおりであったとして、情緒性の課題を抱え（ているように見え）、情緒不安定になっている人に、支援者の情緒性で対処する、それによって支援対象者の心（情緒）は癒されるのだろうか。残念なことに、私はそれによって支援対象者の苦しみを長引かせてしまったケースの方を多く見てきたのである。もちろんこのやり方は、支援対象者の訴えを否定しないので、支援者と支援対象者との人間関係が崩壊するようなことは少ないと思う。しかし、そこに「あぐら」をかいている支援者の姿に、私は唖然としてしまうことがある。ともかく、支援対象者の課題は少しも解決していないのだから、そうした状況では往々にしてアクティングアウト（行動化）が起こる。つまり、万引き、家財持ち出し（親の財布からの金銭窃取等）、粗暴行為、性的逸脱行動、放火、はたまた誰かに自分の大切な物（筆記用具・教科書・上履き等）を隠されたという自作自演劇など、数え始めたら切りがなくなるくらいだ。そうすると支援者は、「その行動には支援対象者なりの意味がある」とさらに受容なさろうとする。これでよいのか。否、断じて否である。本章で提起する問題の所在はここ。情緒的に不安定な人は情緒的刺激によって安定する人なのか。その答えは支援者なら誰でも知っていることなのに。つまり、情緒的に不安定な人は、情緒的刺激によって混乱しやすい人ではないのか。したがって、傾聴受容がうまく機能する人は、おそらく少しの支えによって、自分の力で自分の気持の整理ができる情緒的に安定した人、つまり情緒的な支援など必要としない人なのである。そういう人にこそ来談者中心療法はお薦めだと思う。

ただ、これは第Ⅱ部以降で詳述することだが、学校の現状を熟知している者として言わせていただければ、愛着の課題を抱えている児童生徒、ときには愛着障害の診断を受けている児童生徒に稀ならず出会うのである。それが証拠に、私が学校でのケース会議や、研修の機会に受ける質問には、必ずと言ってよいほど、愛着に課題のある児童生徒との接し方を教えてほしい、というものが含まれている。その理由はよく分かる。なにしろ、情緒不安定の代表選手と呼んでも差し支えないのが、大人も子どもも含め、愛着に課題を抱えている人になるからだ。そういう支援対象者に今までの支援法では、情緒刺激たっぷりのやりとりを行ってきた。ここは本章の問題提起だからずばりと書いてしまおう。愛情に恵まれなかった人だから、愛情を満たしてあげたい（あげるべきだ）と思うこと、それは支援者を呪縛する最強度の煩悩となる。その結果起こることは、支援者も支援対象者も、苦しみから解放されなくなってしまう、地獄のようなジレンマである。

だから私は、学校での研修はもちろん、児童養護施設研修においても、里親研修においても、支援場面から必要以上の情緒性を取り除く工夫について伝え続けてきた。本書はまさにそれの集大成、第Ⅱ部以降はその実践談である。したがって、第Ⅰ部の最終章（第九章）では、それの予告をしたいと思っているが、その前に読者には、次章（第八章）の問題提起をお読みいただきたい。

第八章　隠れ上から目線

コミュニケーションとは、適当な和訳が見当たらない英単語のようだ。まあ、他人と意思疎通（やりとり）を図る力のことで、そのための手段や手法を含む総合概念、という理解の仕方で大きな間違いはないと思う。

さて、コミュニケーションへの支援で必要なことは、まず支援者がコミュニケーションの「しきたり」を知っておくことではあるまいか。ここで「えっ！」と思われるかもしれないが、コミュニケーションという概念は、それを縦軸と横軸の関係で捉えると分かりやすくなる、これが「しきたり」である。もちろん関数の勉強ではないので、Ｘ軸とかＹ軸という呼び方は不要である。

つまり、コミュニケーションには、①縦軸（先輩～後輩、上司～部下、力の強～弱）などの上下関係と、横軸（同級生、友だち、恋人）などの水平関係の二軸がある。縦軸は社会性軸、横軸は情緒性軸と呼んでもよいようなものだが、②その縦軸と横軸は、双方の均衡が保たれているという意味において、双方に対して相補的な役割を果たす。③コミュニケーションの基盤になるものは、相手の気持ちや立場を想像する力である（これがなければ他人とのやりとりなど組み立てられない）。④コミュニケーション能力に不調がある場合は、まず横軸（水平関係の認知機能）が機能不全を起こす。⑤一方、コミュニケーションに相当な不調があっても、縦軸（力関係の認知機能）は維持されやすい。

以上五点を押さえた上で分かっておくことがこれ。ⓐ物事が自分の思ったように進んでいるときには、どのような人であっても、縦軸と横軸の均衡は維持されやすい。ⓑ物事が自分の思ったように進まなくなったとき、横軸の機能が極端に弱まってしまう人がいて、おそらく、そういう人のことを、私たちはコミュニケーション障害と呼んできた。

そこで、コミュニケーションについて、支援者が支援対象者への対応に困難を感じるのは、おそらく次の二つのタイプだろう。一つは「自信欠如的（上下関係↓）」になって、コミュニケーションの場から撤退してしまうような人。もう一つが「上から目線（上下関係↑）」になって、周囲に迷惑を及ぼす人である。この両者とも、第Ⅱ部以降にたくさん登場するが、前者は既におなじみの、気弱、小心、極度なシャイなどのグループ。後者も既におなじみの、傲慢、自分勝手、無分別などのグループである。大切なことは、前者は誰が言わずとも、支援の物差しに引っ掛かりやすい人であるのに対し、後者は迷惑がられる割に、なぜか支援には結び付きにくい人だということだ。なぜ支援の物差しに引っ掛かりにくいのか、ここでは後者を取り上げ、特に見落とされやすい「隠れ上から目線」への問題提起を行う。

改めて上から目線の人についてお話ししてみよう。ここで必要になるのが、④と⑤で述べた点、すなわち、コミュニケーションの横軸機能が相当ダメージを受けても、縦軸機能は維持されるということ、これは今後も繰り返し出てくる話題であり、周囲の人への困らせ方も、セクハラ、パワハラ、言うに及ばずだが、この人たちの始末の悪さは、若いころ（子どものころ）から、実は気付かれていながら、既に少し触れたように、支援対象としては見落とされてしまうことだと思われる。そこで本章ではそのメカニズムを解説することにした。

要するに、どんな大人でも（子どもでも）、物事が自分の思ったように進んでいるときは、「話の分かる良い人」なのである。ところが一部の人は、物事が自分の思ったように進まなくなると、途端にひねくれ、興奮し、暴れたりすることがある。そして周囲はこの豹変振りを「わがまま」として捉える。実はこの行動の陰に隠されているのが「上から目線」の問題なのだが、なぜかそれは気付かれにくい。なぜなら、物事が思ったように動いているときの礼儀正しさや、物分かりの良さを、その人（その子）の姿だと誤解されているからだ。すなわち、しっかりした挨拶ができ、言葉遣いも丁寧で、大人しく、良い子だと。本当の姿は、思ったようにならなくなったときの不穏な行動なのに。これが上から目線の見落としにつながる。したがって、私はそうした人のことを「隠れ上から目線」と呼んできた。

　この現象は、デートＤＶやストーカーをイメージされればよく分かる。最初に出会ったときには、言うべきことをハキハキ言う素晴らしい人に見える。それが打ち解けた関係になった瞬間から、相手を自分の所有物のように扱い、つきまとい、干渉し、暴力を振るう人へと変容する。実はそうした加害行動のメカニズムとして、「隠れ上から目線」の問題が関与している場合が実に多い。本書はこの現象を本格的に取り上げた一書であり、私の知る限りにおいて、この視点から書かれた本は意外に少ない。そこで本書のテーマに立ち返れば、一面を捉えて良い子だと思う先入観にも、悪い子だと思う先入観にも、本書でいう支援者の思い込み（煩悩）が一役演じている、ということになってくる。ともかく私は、「上から目線」の人を嫌になるほど見てきたが、そういう人には、支援の機会は驚くほど与えられていない。これは何とかすべき問題だと思う。

　例えば、毎年の如く（それも複数）取り返しのつかない事件を犯す人が出てくる。そうすると、そういう人たちの子ども時代のエピソードが、マスコミによって繰り返し報道される。そこに紋切り型と思われるほど出てくるのが（繰り返しの記載で申し訳ないが）、普段は挨拶をきちんとする良い子だった、しかしときどき興奮し、大騒ぎになったエピソードの持ち主でもあったというものである。そうした人の中に、私が「隠れ上から目線」と呼んできた人が含まれている。

特に学校の先生方、この後本書に登場する「隠れ上から目線」の人を見落とさないでいただきたい。支援が必要だという事実が、確実にそこにあるからだ。しかも学校で見つけ、支援してあげないと、この人たちへの支援の機会は、何かをやらかすまで訪れない。それではどう支援するのか、支援の基本デザインを示すのが本書の主題である。

ともかく、物事が自分の思ったようになっているうちは、優しい子である場合が多い。ときには利発な印象を与える人もいる。しかし、物事が思ったようにならなくなると話が変わってくる。要点はⓐとⓑに書いたとおりである。ときどき、これを解離（人が替わったようになる精神障害）との関連で捉える教師もいるが、私の経験では圧倒的に「隠れ上から目線」の人が多い。要はコミュニケーションの中で起こるエラーであり、教育や支援の範疇で対応すべき課題だと私は思っている。そうした課題への対処法は、本書中の特に第Ⅲ部以降に散りばめてある。

第九章　ユニバーサルデザイン

「ニワトリが先かタマゴが先か」という因果性ジレンマを知らない人などいないだろう。このニワトリとタマゴの議論は、原因と結果の切れ目なき循環の中で、端緒（出発点）を探すことの無益さを指摘しているわけだが、ギリシャ時代から現在に至るまで、さまざまな立場の人によって、さまざまな答えが提唱されているにもかかわらず、未だに万人が納得する結論は出ていない。つまり、ニワトリの卵巣がなければ、タマゴは出来ないのだからニワトリが先だろう。それなら最初のタマゴを産んだニワトリは何から孵ったのか。そんなことは「考えれば考えるほど頭が痛くなるので書きたくない」というやつだ。

　さて、この挿話はともかくとして、私はこの因果性ジレンマとは異なる課題が、それと類似するかのような、ある種の不毛性を伴って繰り返される出来事を経験している。しかもそれは、本書にとって「頭が痛くなる」では済まされない意味を持ち、現在でもときどき耳にするものだ。したがって、それはここに記録しておく価値があると思われる。

配慮が必要な人と接していると、決して少なくない頻度で、発達障害の関与を考える必要のある人と出会うものだ。その一方で、乳幼児期からの不適切な養育（虐待）の影響を考える必要のある人との出会いも少なくない。そうすると、双方が示す症状は「類似したものになりやすい」という、支援者なら誰でも知っている困った現象に直面することになる。そこで次のような質問を受ける機会が増える。

「これは発達障害の症状なのでしょうか。それとも虐待の後遺症なのでしょうか」

たしかに、双方の見極めは大切な課題である。しかし、判定には時間を要することがあり、ときにはどちらかへの確定が困難な場合もある。そこで私は、この質問に以下のように答えてきた。

「発達障害のせいか、児童虐待のせいか、この判定はニワトリが先かタマゴが先かという、答えを出すのが難しい課題と少し似ているので、これに時間を費やすことは、ときに不毛な論議につながる危険があると思っています。どちらが原因なのかの究明は必要だとしても、いまここで、私たちが行うべきことは、発達障害のある人にも、そうではない人にも、適用可能な支援法を工夫し、実践することではないでしょうか」と。

ここで私が申し上げたいことは、学校や施設は相手を選べないという現実である。つまり、私たちの目の前には、ニワトリとタマゴが別々の空間にいるのではなく、ニワトリもタマゴも、ときにはヒヨコも、同じ空間内にいるということ、だとすれば、実際の支援においては、ニワトリにも、タマゴにも、ヒヨコにも、効果のある支援を実践する、それが私たちの仕事なのだということ、ここなのである。

　これは、第Ⅱ部以降でさらに詳しく述べる課題だが、たしかに、それぞれの支援対象者の特性に配慮し、それに特化した支援を組み立てることは必要である。しかし、それには前提となる条件があり、いろいろな配慮を必要とする支援対象者がいるにしても、まずは、誰にとっても安心安全な基礎的環境を整備し、その中での個別対応を工夫するという条件である。それを私たちは、ユニバーサルデザインの理念から学んだ。

　これは、アメリカの建築家ロナルド・メイスによって、一九八〇年代半ばから公にされたものであるが、この理念の最も大切なところは、障害のある人に限定した理念ではないこと、実現不可能な幻想を取り上げてはいけないという理念であること、家屋や施設、道路や街作りといったハード面から、情報やサービスなどのソフト面までを包括する理念であること、そうした理念を表す言葉として、「できるだけ多くの人が活用できるようにデザインする」という意味を込め、「ユニバーサルデザイン」の呼称が用いられたことである。

　このユニバーサルデザインの理念は、既に世界各国から承認されており、例えば障害者の権利に関する国際条約第二条の中にも、『ユニバーサルデザイン』とは、調整又は特別な設計を要することなく、最大限可能な範囲で全ての人が使用することのできる製品、環境、計画及びサービスの設計をいう」と明示されている。そして私たちも、あらゆる支援の場面で、この理念を尊重してきた経緯があるのだが、それは本書で繰り返し述べていくテーマにもなるものだ。そうした意味で、ここでの記述はそれへの先駆け、ここで息せき切って述べるより、手順を踏んだ方がよいと考え、本章ではユニバーサルデザインの七原則の提示に留めることにした。

なお、本章を終えるに当たって付言しておくべきことがある。それは支援者の思考を、不毛な議論の場へ導いてしまう固執、それも本書でいう煩悩の一つだということである。この煩悩、くれぐれもお忘れなきようお願いしたい。

■ユニバーサルデザインの七原則

一　誰にでも公平に使用できる
二　使用の自由度が高い
三　使い方が簡単ですぐ分かる
四　必要な情報がすぐに分かる

五　操作ミスや危険につながらない

六　無理のない姿勢で楽に使える

七　使いやすい空間が確保される

＊このユニバーサルデザイン（ＵＤ）の七原則は、本書中にたびたび登場し、この本を貫く基本的方法論になるものなので、この機会に、ぜひとも読者の身近なものにしていただきたい。

第Ⅱ部

手帳から

私の黒い手帳のことは、第Ⅰ部の第一章「巡回」のところで触れた。この手帳には、支援者から私に向けられた言葉や質問が、順不同に書き込まれている。そして、こうした私に対する支援者からの質問は、ほぼ出たとこ勝負のものだ。おそらく、読者の中には、私と同じような立場で仕事をしておられる方もおみえかと思うが、だいたいにおいて支援者からの相談というものは、計画的に提出されるものではなく、支援者が担当しておられる事例の中から、いま困っておられること、つまり支援者の思いに任せて選択されるものだからである。したがって、この第Ⅱ部においても、話題の選定やその順序はあるがまま、できるだけライブに近い形で読者へお示ししていく。それが第Ⅲ部への自然な流れを作ることになると思われるからである。

第一章　グレーゾーン

　支援者から出てくる言葉に「この人（この子）はグレーゾーンです」というものがある。黒ともいえず、白ともいえず、灰色だという意味はよく分かるのだが、これは言葉の装飾（いいまわし）であって、そう言われても私には、具体的な支援対象者像が全く浮かんでこない。

　考えてもいただきたい。黒か白かの区別がつかないくらいに混じり合った灰色の人、そんなポタージュスープのような人間なんているのだろうか。人というものは、試験管の中に入った試薬ではないのだ。それをガラス棒でかき回し、黒でもなく白でもない灰色の液体ができた。それって、黒に近い灰色なのか、白に近い灰色なのか、いやいやそういう問題ではなく、そもそも黒と白が混じり合っていく、そんなことが、生身の人間に起こるものだろうか。グレーゾーンという言葉を責めているのではない。生身の人間を扱う私たちが、人を表す言葉に「グレーゾーン」という表現を無批判に使うこと、その奇妙さを戒めたいのである。

　シマウマならいると思う。キリンやヒョウのような紋々柄もあると思う。良いところは黒いのか、白いのか、そんなことは次の話、ともかく黒いところと白いところを弁別する、その分布は、面積比は、濃淡差は、これの同定が人をアセスメントする作業なのだと思う。例えば境界線知能と呼ばれる人がいる。紋切り型に定義すれば、知能検査のＩＱが六〇から八五くらいの間にある人、要するに知的障害があるともないとも言えない人、くだんのグレーゾーンという言葉に近いのだが、こういう人でも、それだけでは支援の方策など何も分からない。境界線知能の人でも、できるところ、できないところがある。それは「人間だ」ということである。そこが見えなければ、支援の組み立てなどできないはずだ。人には、シマウマ状の存在様式はあるが、ポタージュスープ状のそれはあり得ない。

　このグレーゾーンという言葉、支援対象者のイメージを分かりにくくし、答えを出しにくい状態へと支援者を追い込む悪魔の言葉、つまり煩悩である。一般的な表現ならいいようにも思うが、これを言う支援者には、支援対象者像が全く見えていないことが多い。状況をあえて複雑化させる必要はないのだからご用心、ご用心である。支援対象者に、「きみはグレーゾーンですか」と聞いて、「はい」と応じてくれるような人は、それが大人であっても子どもであっても、まずいないと思う。

第二章　子どもは褒めて

だいたいの育児書に出てくる子育ての極意は、「子どもは褒めて育てましょう」という言葉である。私もそのとおりだと思っている。なぜなら、褒められることは子どもの自尊心を育て、やる気を高め、能動性の基盤にもなるからである。ところが私が支援者から受ける相談には、褒めるところが見当たらないという子どもの話が稀ならず出てくる。例えばケース会議の席上、「それがねえ小栗さん、この子には、本当に褒められる機会がないのです」と真面目な顔をしておっしゃる支援者が多いのだ。

そうすると、皆さんが同じような対応をなさる。つまり、評価される行動を見落とさず、機会をとらえて褒めることである。これは褒めるハードルを下げるということ、つまり、普通であれば褒められないような（些細な）行動でも、意図的に評価する姿勢、例えば小学四年生の子どもをイメージしてほしい。教室にいる小学四年生の子どもが、教師の話を五分間黙って聞いている。この程度のことだと、おそらく通常の小学四年生の子どもは褒められない。なぜなら、小学四年生にとって、それは当たり前の行動になっているからである。それを特定の子どもについては「○○さん、今日は先生の話を黙って聞いていてくれる、嬉しいな」と褒めていく。

　これぞ「子どもは褒めて育てましょう」の教育実践、教師も一緒に褒めて差し上げたいところだが、少し待っていただきたい。多くの子どもなら褒めてもらうレベルではない行動を評価してもらうこと、それを嬉しく思ってくれる天使のような子もいるとは思う。しかし中には、「先生は自分のことを低く見ている（バカにしている）」と受け取る子どもがいることも忘れないでほしい。ここでは小学生で例示したが、中学生になると、後者のような（素直に喜ばない）子どもは増えてくる。それは子どもも成長するのだから当たり前のことである。そうすると、子どもの自尊心を高める目的で褒めたことが、逆にその効果を減退させることもあるのだ。第Ⅰ部の第九章において、本書の根幹姿勢はユニバーサルデザインの理念にあると指摘したが、特定の支援が（たとえそれが必要な支援であったとしても）対象者の反発を招くおそれがある場合、ユニバーサルデザイン七原則の五番目「操作ミスや危険につながらない」に抵触するので避ける、つまり褒め方に一工夫が必要だということである。

　さて、ここで私が言いたいのは、「子どもは褒めて育てる」という、誰が考えても正しいと思われる方法は、支援者を呪縛しやすいこと、つまり煩悩化しやすいということである。これにはご用心を、しかし同時にご安心を、本書第Ⅲ部の記述は、褒めるハードルを下げることなく、特定の子ども（あるいは大人）を褒める方法の大全集だからである。

第三章　欠点に気付く

前章で、特定の支援が（たとえそれが必要な支援であったとしても）対象者の反発を招くおそれがある場合、それはユニバーサルデザイン七原則の五番目「操作ミスや危険につながらない」に抵触するので、避けた方がよいと書いたあれ、実はこの原則、私たちがよかれと思って行っている、かなり広範囲の支援にも適用されるものになる。その一つがこれであり、私はかなり多くの支援者から次のような質問を受けている。

「自分の欠点に全く気付いていない支援対象者に、どうやって欠点への気付きを促すのか、その指導の方法を教えてほしい」

たしかに、自己理解（支援対象者が自分の姿を正しく理解すること）の促進は、あらゆる支援の中で最重要の課題ではあるのだが、さあ皆さんならどう支援されるだろう。

ただ、真に申し訳ない限りだが、わたしはこの「自分の欠点にどうやって気付かせたらよいのか」という支援者からの質問は、奇怪な質問だとしか思えないのである。なぜなら、自分の欠点に気付くことが必要な課題であったとしても、私自身は、自分の欠点をじっくり見詰めたいなどとは思わないからだ。そこで、そういう質問を私にした支援者に、「先生は自分の欠点を見詰めたいと思いますか」と聞いてみると、質問をした支援者のほとんどが、「あまりそうしたことをしたいとは思いません」とおっしゃるのである。考えてもみてほしい、自分がしてほしくないことを、子どもや大人に求める、これはどう考えてもルール違反ではないのか。だから私は、この質問を奇怪な質問だと思うのである。

　そこでもう一度考えてみよう。私たちのお相手には、嫌なことを思い出してフラッシュバックと呼ばれる不機嫌な感情反応を起こす人がけっこう多い。ユニバーサルデザインの、危険につながらない原則に照らすまでもなく、これは避けた方がよいだろう。支援対象者は「分からない」と拒絶し、支援者のことを「嫌なやつだ」と思ってくれるだけならまだよい。支援対象者が、「やっぱり自分はダメな人間だ」と落ち込んでしまったら、私たちは何の支援をしていることになるのだろう。たしかに、自分の欠点を知ることは必要な課題だと思う。必要な課題とは、正しい課題でもある。しかしこれは、私たちの執着心に火をつけやすい条件の一つであり、知らず知らずの間に、煩悩になってしまう課題でもあるのだ。それでは、欠点に気付かせる必要はないのか。その答えも否である。それならどうすればよいのか。その答は「対話」を交わすことである。

第四章

良いところ探し

「良いところ探し」の課題、これにも前章の「褒めて育てる」と似たところがある。両者とも、本来幼児向けの動機付け法かと思いきや、小中学校はもちろん、高等学校でも、もしかすると大学でも（！）モラトリアム大国日本の面目躍如？　いやいや、これはその気にさせる行動の原理だ、ということにしておこう。

まあ、それはともかくとして、良いところ探し、自己肯定感との関係で語られることが多い課題である。しかし、手放しで推奨できるのか、ということになると、私は褒めて育てると同様に、疑問を感じてしまうときがある。そうそう、こんなことは、皆さんの周りで起こっていないだろうか。支援者が「きみの良いところについて考えてみよう」などと言おうものなら、「良いところなどないし」「良いところなど分からんし」「どうしてそんなこと聞くの」やれやれ、ノリが悪いとはこのことである。さあ、こういう人との対話は如何にあるべきか、それは今後の課題、まずここでは、なぜそんなにノリが悪いのかの解明である。信頼関係の問題？　反抗癖や挑発癖の問題？　いやいやそんな高級な話ではなく、「良いところ」という日本語の問題だと思うがいかがだろう。

エッ？　と思われた方に私の考えをお伝えしたい。「良い」という言葉は単独概念ではなく、「悪い」という言葉との対概念として成立している。つまり「悪いところ」という概念があるから「良いところ」という概念も成立する、その逆もまた真、という考え方である。ただ、ここでは絶対善とか絶対悪「有りや無しや」という哲学談義を交すつもりはなく、人と人とのやりとり、つまりコミュニケーションの中で起こることには、片方が全面的に良く（正しく）、片方が全面的に悪い（間違い）ということは、犯罪のような特殊な事態を前提にしない限り、ほぼ起こり得ないということを申しあげたいのである。このことについては第一〇章で謝罪の課題として再度取り上げる。

さて、話を元にもどそう。良いところと悪いところは対概念として成立し、いわば裏表の関係にある。そして私たちの目の前にいる支援対象者には、「自分の良いところを探そう」という指示が与えられたとき、表裏一体の関係にある反対語、すなわち「悪いところ」に反応する人が、一定不変の数でいるということなのである。それを、天邪鬼と捉えるか、性格の歪みと捉えるか、否定的な認知に傾きやすい認知的スキーマと捉えるか、それは読者にお任せする。ただ、私が言いたいことは「そういう人もいる」という事実である。

そこで出発点に戻ろう。良いところ探しが動機付けになる人はそれでよし、しかし、「自分の良いところを探してみよう」という設問に、「別に」としか答えない人もいる。そうしたとき「よわったな」と思い、前に進めなくなっているあなた。「良いところ探しは良いことだ」という煩悩にとりつかれていないか。よくある「どうしてそんなふうに思うのですか？」という問い掛けではなく、「そうか、そう思えるのだね、そう思えるきみは、私が思っていた以上に大人だな」という語調から始まる第Ⅲ部の対話を参照願いたい。言葉は生きており、相手を動かす力があるものだ。それが対話ということなのだから。

第五章　他者批判

支援者から必ず出てくる質問がこれ、他者批判のひどい人への対処法である。これに関しては、大人の相談でも、子どもの相談でも枚挙に暇がない。つまり、自分は全く悪くない、悪いのはすべて他人、人のせい、物のせい、しかも、自分もできていないことで他者を批判する、これを言い出したら切りがない。自己中心的な人が他人の自己中心性を批判する。ウソツキが他人のウソを批判する。おしゃべりが他人のおしゃべりを批判する。大声の人が他人の大声を批判する。遅刻の大将が他人の遅刻を批判する。掃除サボりの神様が他人の掃除サボりを批判する。約束やぶりの天才が他人の約束やぶりを批判する……といった具合である。

そもそも他者批判は自他の関係を壊す可能性があるので、私たちは、少なくとも相手を面と向かって批判することには慎重になる。それを全く無神経に実行するから、相手も当然不快になり「お前にだけは言われたくない」と反発して争いになる。あの他者批判をどうやって自覚させたらよいのか、他者批判の抑制法を教えてほしいという相談、皆さんならどう助言されるだろうか。「そんな言い方は止めましょう。自分のことを考えたことはありますか」。そんな一方通行の説諭はほぼ役に立たないどころか逆効果になるので、ここでは対話（やりとりのある会話）が必要である。

ここで大切なことは、誰が考えても正しいという思いも、反対に誰が考えても（支援対象者は）間違っているという思いも、支援者に観念の固執を強いる、つまり支援者の煩悩になるということである。

第六章　とめたい

授業が始まって一五分もすると、AさんはBさんとおしゃべりを始める。Cさんは窓の外を見てボンヤリし始める。Dさんはボールペンの分解組み立て作業を始める。Eさんは居眠りを始める。これが日本の学校の平均的な授業風景だとは思いたくない。しかし、その一方で私は、授業中に起こるこうした状態を、教室内での同時多発テロと呼んでいる。こんな呼び方をするようになったのは、授業中の不適切行動への対処法に関する相談が少なくないからである。

そこで教師に、「今まではどのように指導してこられましたか」と聞いてみると、異口同音に「授業とは無関係な、あるいは授業を妨害するような行動はやめましょう、と指導しているのですが、一向に改善しないので困っています」とおっしゃる。

この教師からのお答え、前半部分は「お疲れ様です」とお察しするが、後半部分は「それは無理でしょう」と思ってしまう。つまり、まず前半部分、何回も「授業中だからやめましょう」と叱責しなければならない。これはたとえ必要な指導であったとしても、指導者にとっては不快なものであり、「お疲れ様です」と同情する以外、私には適当な言葉がないからだ。次に後半部分（一向に改善しないので困っています）、ここでの指示は、不適切な行動はやめなさいという叱責だが、その指示には当該行動を行う必要性を低下させるような働き掛けは全く含まれていない。したがって、この指示に、不適切行動の再発予防効果を期待することには、出発点の段階から無理がある、というより、この期待はどう考えても虫が良すぎるのである。

さて、この前半部分と後半部分、どちらから私の考えをお伝えしようかと少々迷った。その結果、答えがはっきり見えている後半部分から伝えるのがよかろうと思った次第だ。ただし、これを私の口から教師にお伝えするのは、まさに釈迦に説法、身も蓋もない言い方になってしまうことを、まずはお詫びしておかねばならない。

なぜなら、要するにこれは授業改善など、教師の頭が痛くなること必定の課題、つまり、

①授業中の不適切行動が目立つ児童生徒に、当該授業の展開を受容するだけの学力は育まれているのか。

②あるいは、当該授業の必要性に関する、児童生徒の理解は育まれているのか。

③あるいは、そもそも授業とは、教師と児童生徒の共同ないしは約束によって成立する

社会的営みでもあり、児童生徒にそうした社会性は育まれているのか。

ざっと考えただけでも、以上三点に示したような、授業を支える基本課題を満たすこと以外、これへの対応策など見えるはずはない。しかもこの課題に対処できる専門家であり、最先端の実務家こそが教師である。したがって、この課題を教師ではない私が論じることは、いかように語ったとしても、それはむなしい評論に過ぎず、そこに私の出る幕などないのである。と、言いにくいことをはっきり言って少し気が楽になった。

順序を逆にして先に説明した後半部分に対し、前半部分は私の守備領域である。現に、私へ依頼が寄せられる教員研修のかなりな部分がここ、その不適切行動を「とめたい」という、教師からの要望に応え、従来の叱責とは異なる叱責法を伝授するための研修であるからだ。そこでその結論を予告しておけば、例えば特定の行動をとめるために有効な指導とは、「それはやめなさい」つまり「ダメ」という禁止ではなく、教師（支援者）と児童生徒（支援対象者）の間で「望ましいやりとり」を復活させること、もっと端的に言えば、「ダメ」と指示して支援者と支援対象者の関係を遮断することではなく、途絶えている（だからこそ不適切行動の原因にもなっている）両者関係の修復を目指すことである。そこで本書では、対話という「やりとり」が出てくるのだが、その対話は言葉によるものだけとは限らない。その詳細を提示するのが第Ⅲ部の役割である。

　さて、ここで述べてきたことは、支援者に「〇〇したい（例えばとめたいという要求）」はあるが、従来のやり方がうまく機能していないのに、それに代わる方法が見当たらない状況、それは私たちを新たな方法の探求へと向かわせるより、従来の方法にしがみ付かせることになりやすい。つまり、それは支援者を呪縛する煩悩になる。本章ではそれへの問題提起と今後に対する若干の予告を行った。ここで述べてきたことは、本書全般の通奏低音にもなるところなので、記憶にとどめていただけるとありがたい。

第七章　約束

約束はとても不思議なやりとりだと思う。なぜなら、これほど社会的に重要なやりとりでありながら、一見すると練習の機会が全く与えられていないからだ。例えばこんな場面を想像していただきたい。

幼稚園の年長さんの教室、先生からのお約束宣言、「はーい、皆さん、今からとても大切なお話をします。静かに聞いてくださいね」、子どもはいつものとおり、元気に「はーい」とお返事。そこで先生は大切なお話を始めたのだが、Ａさんはいつものように、よそ事をしていて、先生の話を聞いていない。そこで先生はおっしゃる。「Ａさん、もう一度言いますよ、先生のお話、聞いていてね」と。一見とても微笑ましいやりとりに見えるが、これは明らかに「ちゃんと聞いていなさい」という叱責、つまり約束の練習ではなく、まさに約束本番なのである。つまり、約束を求める人が、最初から厳しく叱責するかどうかは別にして、明日の持ち物の指示、授業中の私語禁止、中学生や高校生の提出物、そもそも学校で教師と子どもの間で交わされる約束には、練習のプロセスがない。

なぜそうしたものなのか。それは多くの教師が、学校での約束経験というものは、子どもにとって必要な教育課題だと思っているからである。その点については私も同意だ。つまり学校での教師と子どもとのやりとりは、それが勉強面での課題であれ、生活面での課題であれ、教師と子どもとの共同作業、すなわち、相互信頼の中で実現されるものであり、その経験は、将来の社会的なやりとりの模擬体験として、優れた教育機会の付与になっていると考えられるからだ。

しかし残念ながら、先程示した幼稚園児のように、支援者と支援対象者が本来享受すべき達成感に辿り着きにくい子どもがいる。なぜそんなことが起こるのか、おそらくその理由は次の三つ。

①注意を集中できにくい子どもがいること。

②教師の要求水準が高すぎること。

③どうしてそのやりとりが必要なのか、という納得が得られにくい子どもがいること。

この三要因の中核になるものは、間違いなく②だろう。そもそも子どもというものは、よほど勉強への目的意識が明確になっている子どもでない限り、困難な課題への取り組みは消極的になるからだ。反対に興味を引き、しかも容易な課題には積極的になる。要するにそういうものである。①は子どもだけの力では制御が難しく、おそらく子ども二〇人に一人か二人はいそうだ。③は教師とのコミュニケーションがうまくいっていない子どもで、これには諸般の事情が絡み、おそらく①より多くなる可能性がある。そして、この①②③はかなりな頻度で合併しているから始末が悪い。②の頻度はおそらく教師の予想よりはるかに多く、これに①と③が合併する。だから約束を守らない子どもは、年齢が上がるにしたがって増え、教師の困惑度も高まる、それは無理からぬ図式だろうとさえ思えてくる。

以上のような理由から、本書の第Ⅲ部など、約束不履行大全集になっていくのだが、まあ現段階でそれはさておくことにしよう。とはいえ、この三要因、あるいはその合併、そこで生起する教師と生徒間の約束破綻、決してそんな生徒ばかりだなどとは言わないが、一部の生徒と交わされた約束が一片の反故になってしまう現実、それがあることだけは、ここに明記しておきたいと思う。

さて、ここではそんなことではなく、約束はどうして最初から本番オンリーとなり、練習のプロセスがないのかについて説明しておきたい。なぜならこの説明は、おそらく本書の中で、ここ以外には出てこないからである。これに対して、既に述べた契約関係の成立していない約束など、一片の反故に過ぎないというところ、これには第Ⅲ部でも触れる機会があるので、再び出合ったときには「ああそうだった」と以下の記述を思い出してほしい。

さあ、そこで本章の中間の山場に入る。約束には、体系的に組み立てられた練習の場がないということ。それはある意味当たり前のことである。えっ？　と思われるだろうか。もっと言い切ってみよう。約束とは社会的なやりとりである。しかし、そのやりとりは、社会的な場では、おさらい程度の練習しかできないのだ。さらに「？？」っと思われただろうか。

つまり、それはこういうこと。社会的なやりとりというものは、本来学校で教えられるようなものではなく、もっと自然なやりとり（遊び）の中で経験学習するものだからである。それは遊びというものが、高度な社会的なやりとりによって成立しているからに他ならない。考えてもいただきたい。遊びというものは、隠れん坊にしても、尻取りにしても、もちろんトランプ遊びにしても、ルールの連続体である。しかもこのルールは、面倒くさいルールとしてではなく、遊びを楽しくするための媒介として登場する。したがって、よく遊べている子どもは、ルール理解の力が育つ。それは勉強にも反映される。なぜなら勉強とは、新しいルールの発見そのものだし、教師と児童生徒との「やりとり」の体現そのものだからである。そこで約束に戻れば、約束とは社会的ルールであるから、よく遊べている子どもは約束に対応する力が育つ可能性が高いのである。

こう並べられると、約束の練習になるもの、遊びこそがその王道だ、と考える人が出てきても不思議ではない。またそれは間違った考え方でもない。だとしたら、遊びの練習を体系的に組み立てる工夫をすれば、それこそ約束対応力を高める練習、つまり約束の体系的な練習プログラムが出来上がるのではないか。現にこのやり方を研究し、実践しておられる教師もおみえだと思う。例えば、子どもが標的となる約束を守ったら、子どもが喜ぶシール（トークン）を与え、子どもの約束履行ノートに張り付ける。もし子どもが約束破りをしたら、与えたトークンを没収するルールを設ける（レスポンス・コスト）。しかしそれを単なる没収とはせず、敗者復活戦のルールを随伴させ、同じ約束を守ることができたら、没収されたトークンが返還されるルールを設ける。つまり約束履行に遊びの要素（ゲーム性）を取り入れ、約束の展開をスリリングなものにし、動機付けを高める。これは行動科学の原理にも合致する方法なので、やれば効果が上がる。「これこそ、約束力を育てる体系的な練習だ」と主張される教師もおみえだろう。実はこの私自身が、こうした約束ゲームの組み立てを推奨してきた者の一人なのだ。

よかった、答えが出た。効率的な約束の練習は、教師の工夫次第で組み立て可能である。

たしかにそういうことなのだが、本書では、それだけではうまく行かない子どもにも（にこそ）焦点を当てねばならない。そうすると、やり方を変える必要も出てくる。それでも従前のやり方に拘泥する教師がいたとすれば、それは既に何度も述べてきた「正しいやり方」への教師の執着、すなわち煩悩に取り込まれることになってしまうのである。

お断りしておくが、ここには読者を混乱させる意図はない。たしかに、このやり方は正しい方法なので、どの児童生徒に適用しても、約束破りを叱責する方法より、はるかに安全で、効果への期待可能性も高いと思う。ただし、このやり方で伸びる子どもとは、教師があえてこうした約束支援プログラムへの導入を企画しなくても、練習という目的を伴わない自然な場所で、約束履行の力を育んでいける可能性が高い子どもたちでもあるのだ。

もちろん、トークンを用いた学習機会は、与えないより、与えた方が良いとは思うのだが、新鮮さを失ったトークン（しるし）は、強化力を失うこともまた一方での事実である。問題は、この約束履行の練習云々以前の段階で、既に足踏み状態に陥った子どもがいる、そうした子どもも想定しやり方を変える。それは第Ⅲ部の課題そのものなので、ここではまず、「そういう子どもがいる」という現実をお伝えすること、つまり、ここからが本章の奥の院である。

私は、社会的な学びという課題について、基本的には、社会的な状況の中でないと学べない課題だと考えている。もちろん、社会性を育てる練習、ソーシャル・スキル・トレーニング（ＳＳＴ）のように、模擬的な社会的場面の中で、社会的な行動を練習してもらう方法もある（例えば挨拶の場面を模擬的に作って挨拶の練習を行う等）。しかし、こうした練習にしても、学校とか、支援センターとか、何らかの社会的な場面で行われるものがほとんどである。そこでここでは、以後の論点を整理するため、「社会的場面」というものをもう少し掘り下げ、家庭と社会の違いというところから考え直してみたい。

つまり、子どもを取り巻く環境は、家庭内と家庭外という、二つの事象に分けて考えることができる。そのどちらが、より社会的な環境なのか、言うまでもなく後者である。もっとも、後者にも治療的環境という、保護された空間がある。しかしこれは、家庭外でありながら、例外的に操作された、一時的な非社会的空間ということになるので、本章では触れないことにした。

そこで家庭外での環境であるが、ここはマナーとか、ルールとか、約束事に満ちた世界である。それに対して、家庭内の環境は大きく異なったものになる。もちろん家庭内にもマナーもあれば、ルールもある。しかし、家庭外の環境に比して、それは全く別物と言ってもよいほど許容的なものになってくる。

例えば、帰宅した家族が「ああ疲れた」と、居間の真ん中でゴロリと横になる。はたまた、風呂上りの家族が半裸身のまま、扇風機の前であぐらを組む。仮にこんなことを、家庭外でやったら、間違いなく大騒動である。つまり、どう考えても社会的環境とは言い難い世界、それが家庭という環境なのである。例えば、幼児の食事場面を考えてほしい。幼児だから食器の取り扱いはもちろん拙いものだ。食べ物はこぼすし、食卓も服も汚す。しかしその行為は咎められることなどなく、「あらあらこぼしちゃったね」なのである。この場面で「こぼさないように食べましょう」が出てくるのは、もっと大きくなってからのこと。ああ、何をやっても許され、それどころか「可愛いね」と評価していただける時間。人生において最も幸福だったあのころ、それが幼児期なのだ。いかがだろうか、全く社会的ではない一時期、しかし、この絶対的な安全感や安心感を十分経験できなかった子どもは、やがてやってくる世知辛い状況の中で、息苦しさだけを体験せねばならなくなってしまう。つまり、周囲から与えられる、約束という社会的な刺激を受容できにくくなるということ。それが前節で述べた、約束を守りにくい子ども、自然発生的な遊びや勉強の経験が、約束を守る練習として、機能しにくい子どもになっていく。私は従前からそう考えてきた。

なんだか、どこかで聞いた話と似ている、と思われた読者も多かろう。そう、愛着の課題である。乳幼児期に愛着形成への安全感や安心感を十分経験できなかった子ども、中でも愛着障害と呼ばれるような子ども、あの子らこそが、約束を守れない子どもの代表者になっている、そんなことは、多くの子どもを支援した経験のある支援者であれば、誰でも知っている事実である。実はそういう子どもたちをどう支援するのか、その支援法を展開するのは第Ⅲ部なのだが、ここでは、もう少し「手帳から」の記述を続けたい。

　これは既に述べたことだが、子どもの約束不履行について、まず考えねばならないことは、その約束不履行の対象になっている約束、それは目の前の子どもの力で対処できる課題なのか否か。つまり、子どもというものは、対応困難を少しでも感じさせる課題に直面したとき、当該課題に対して十分動機付けられている子ども（よ～し挑戦してみようと思うことができる子ども）は別にして、だいたいにおいて消極的になりやすいものだ。実は、約束を守ってくれない子どもの大多数はこうした子どもである。そこで教師は、子どもにやる気を持たせようと頑張らせる前に、まずはこの点、子どもの実力と動機付けの実態把握を行っていただきたい。

　しかし残念なことに、こうした対処課題の難易度の問題だけではなく、先述したような、他者との信頼関係の基盤になる、安全感や安心感を、幼児期の段階で十分獲得できなかった子どももいるのである。仮にそうだとすれば、本章で取り扱った「約束履行の力」とは、生活課題や授業課題のように、社会的な状況の中で、社会的行動力を育てていく以前の段階、すなわち本来であれば、社会的責任を問われることのない幼児期において、叱責のない状況での「保護者とのやりとり」を十分享受できた子どもなのか、享受できなかった子どもなのか、もしかすると後者は、約束を守る資質の育ちにくい子どもになっているのではないか、その辺りまで踏み込んだ検討が必要になってくるように思われる。なぜなら、ここが分かっていないと、私たち自身が「頑張ればできる（はず）」という煩悩の餌食になってしまいかねないのだから。

さあ、本章はこの辺りにしておきたいのだが、次章以降の章は、いずれも本章と対をなす章である。つまり、約束、愛着、道徳感覚、そして謝罪は、第Ⅱ部の中で一角を構成している、ということを承知した上で読み進んでいただきたい。

第八章　愛　着

前章では、約束を守る資質について、かなり思い切った意見を述べている。つまり、約束を守る資質というものは、社会的な意味を伴うやりとりが必要となる年齢になってから育つものではなく、実はそれ以前の段階、社会的責任を問われることのない、幼児期の保護者とのやりとりから育まれるものだと述べたところである。そして本章もまさにそこ、幼児期の愛着課題について述べていく。愛着については、前章でも触れているのだが、それは、約束の解説の一部であって、愛着概念の解説としてはまとまりに乏しい。したがって、ここではもう一度、愛着という概念を整理しておく必要があると考えた。

一般的な意味における愛着とは、慣れ親しんだ人や物に心を引かれ、離れがたく感じる感性を指す言葉である。そして、支援や治療の場面で愛着という言葉を用いるときには、この一般的な意味だけではなく、英国出身の医学者で、精神科医、児童精神科医、精神分析学者でもあった、ジョン・ボウルビィ（一九〇七～一九九〇）が唱えた心理学的な概念としての「愛着」を念頭に語られることが多い。ボウルビィは言う、「愛着とは人や動物が、特定の個体に対して持つ情愛的なきずなだ」と。

一方米国出身の発達心理学者で、ボウルビィの研究チームにも参加した、メアリー・D・エインズワース（一九一三～一九九九）は、一般的な意味での愛着に対して、心理学的概念としての愛着は、「特異的・弁別的で、外的行動として観察可能である。それは主体的な過程であって受動的ではない。しかも相手の感動を喚起する二面的な過程である」と述べている。

またボウルビィは、愛着の形成には段階があるとし、

第一段階：対人識別を伴わない生後三か月ころまで
第二段階：特定の愛着対象に愛着行動を示す六か月ころまで
第三段階：特定の愛着対象に対する接近・接触を維持する二～三歳ころまで
第四段階：愛着の意図を察し、行動目標の修正と協調性が形成される就学前ころまで

の段階を提示した。

＊前段における愛着の一般的意味以外のボウルビィとエインズワースの解説については、前段は『発

達心理学辞典』（ミネルヴァ書房、一九九五年、一二三頁）の愛着の項から、後段は私も刊行に協力させていただいた、一般社団法人日本ＬＤ学会編『ＬＤ・ＡＤＨＤ等関連用語集　第四版』（日本文化科学社、二〇一七年、五頁）の「愛着」の項から、それぞれ参考並びに引用させていただいた。

さて、この愛着に関する心理学的概念が注目されたのは、子どもの健やかな心の発達を保証するという意味において、乳幼児期における愛着形成の重要性が、はっきり指摘されているからに他ならない。つまり、この時期の子どもの健やかな心の発達には、絶対的な安全感と安心感に満ちた生育環境と保護者が必要であり、それが脅かされるような状況の中で育った子どもには、「心の発達に大きな歪みが生じてしまう可能性が高まる」という人間観がそこにある。たしかに、われわれが出会う支援対象者には、そうした不幸な事情を想定すべき人が含まれているのは事実であるし、医学的に反応性愛着障害と診断されている子どもも確実に含まれている。その一方で、例えば反応性愛着障害と診断されるような状態は、その子ども、あるいはその大人にとっては「あずかり知らぬ」ことであり、まして私たちが理解すべきは、まずは○○さんであって、○○障害ではない。特に本書は障害の解説書ではなく、○○さんを支援する○○先生への支援書であるから、できるだけ障害を説明する言葉ではなく、○○さんを描き出す普通の言葉で記述を続けたいと思う。

それでは目の前に、心の発達に不可欠な全受容の安心感を十分享受できなかった子ども、あるいはそれゆえに、心に大きな歪みを残してしまった（と言われている）大人がいるとして、支援者である私たちは、当事者にどのような配慮を持って接したらよいのだろう。そこでの支援の実際は、第Ⅲ部で述べることになるが、まずはその前段階として、ここでは支援の対象になる当事者への理解、すなわち彼らや彼女らの体験世界の共有に努めたい。

私たちは人間であるが、その一方、人間といえども生物（動物）である。したがって私たちは、人間でありながら、動物という枠組みから逃れることはできない。唐突に極論を述べてしまったが、この人間という動物は、仲間と群れて生活すること（群居性）を獲得した動物でもある。したがって、乳幼児期の絶対的な受容、すなわち存在世界への安全性を体験しようがしまいが、私たちには、仲間を求める性向が既存の事実として内在化している。それでは、ここまでの話を一旦止め、先程から記述している絶対的な受容、その中で私たちが経験した（であろう）絶対的な安全感や安心感は、いったい何を形成するのかについて述べておきたい。

そう、それは他者への信頼、あるいは信頼感と呼ぶべき「感覚」の獲得である。私たちが人生の出発点で手に入れる、この他者への安全感や安心感という感覚、これこそがボウルビィが主張した愛着の発出だと私は思ってきた。一方、この人生の出発点で、不幸にして信頼感という感覚を獲得できなかった子どもには何が起こるのか。その点に関しては二つの表出像が知られている。すなわち、まず一つ目は初対面の相手に必要以上に警戒的になり、打ち解けることができず、対人交流を拒絶し、抑制的になるタイプである。二つ目はその真逆、脱抑制的というか、初対面の相手にもやたらベタベタし、対人交流への遠慮がなく、相手の世界へ土足で踏み込んでしまうようなタイプである。そして両者双方の亜型として、この両者間を揺れ動いてしまうような人もいる。すなわち、ベタベタするかと思えば、平気で相手を裏切るような言動を示す子どもや大人が出てきてしまうこと、こうした姿は、本書を手にされた多くの支援者が見てこられ、戸惑ってこられたものだと推察される。ここで先程一旦止めた話（私たちには仲間を求める性向がある）へ戻る。

そもそも、どうしてこのような揺れ動きが生じるのであろう。それは対人的な信頼感の基盤が形成されていようがいまいが、「私たちは人を求める」という性向を反映したものである。しかし、他人を求める自分の姿を自己受容できない人は警戒的にならざるを得ない。一方、他人を求める行動は示すのに、信頼関係や適度な対人距離の感覚が分からない人は、前触れもなく、極度に他人へ接近し、相手の世界へ土足で踏み込むようなことを、平気でやってしまう。その過程で、他人を傷付けることを言ったり、やったりもする。他者との信頼関係が崩壊することには無頓着なくせに、自分に批判的な目を向ける人は一方的に恨む。それも、これも、相互信頼という感覚の弱さ、あるいは欠落によるものである。

そして、相手にやたら接近したかと思うと、嫌な思いもさせる、この特徴的な揺れ動きの行動は、見方によっては相手を試しているかのように見えるときもあり、それには「試し行動」という名称が与えられている。しかし、私は、感情や行動の揺れ動きがあり、情緒不安定にもなってしまうような人に、相手を試すという「社会的行動」を組み立てられる（器用な）人を見たことがない。少し考えてみれば分かることだと思うが、そもそもこの場面で相手を試して混乱させる、そんなことをして、何が得られるのだろう。まして、相手を試すことができるような人であれば、他人を裏切る行動を意図的に選択しても、そこからはろくな結果は得られないことくらい、先刻お見通しのはずではないのか。おそらく、そんな効率の悪い、しかも危なっかしい行動は、最初から選択肢に入っていない、と考えるのが自然だと思う。

私は、試し行動そのものを否定するものではないが、よく紹介される「ここまでやっても私は受け入れてもらえるのか」の確認という、当該行動のいかにも「うがった」解釈や「うがった」文脈の濫用は避けるべきだと思っている。物事の本質を的確に捉えること、つまり「うがった」見方をすることは大切だと思うが、何でもかんでも試し行動とされると、それは「うがちすぎ」だろう。これも本書のキーワード、煩悩としての呪縛だと捉える方が、私としては健全に思われる。うがった説明概念先にありきではなく、自分の目で見、自分の耳で聞き、しっかり自分で考えることをお薦めする。というところで、愛着の章は一旦終了として、次章へと移りたい。

第九章　道徳感覚

前章で述べた愛着と同様、乳幼児期はいろいろな感覚が育つという意味で、とても大切な期間である。脳の臨界期（発達期）との兼ね合いもあって、この時期を逃すと、音感、語感、美感、感性など、細やかな感受性の発達に制約が生じてしまうものもある、それは一つの事実として認めざるを得ない。

また、この乳幼児期に獲得される感覚には、前章で述べた愛着のように、絶対的な安全感や安心感の下で獲得されるものばかりではなく、家庭や家族の在り様を反映し、子どもへ刷り込まれていく感覚もある。特に今から述べる道徳感覚など、その代表格のように私は思ってきた。

まあ考えてもいただきたい。例えば子どもを連れて公園を散歩中の保護者、幼児期の子どもの前で、煙草の吸殻を素知らぬ顔をして歩道へ捨てる、ジュースの空缶を歩道脇にある植え込みの陰へ押し込む、そんなことをしていて、子どもにまともな道徳感覚など育つだろうか。少し視点を変え、保護者が幼児期の子どもへ童話を読み聞かせる。これは道徳感覚の刷り込み（獲得）に、計り知れない機会を提供するものとなる。なぜなら、洋の東西を問わず、そもそも童話というものは、悪いことをした人や動物に罰が当たる話だと、ほぼ相場が決まっているからだ。そうした勧善懲悪物語を介して、子どもは知らず知らずの間に、善悪の感覚を獲得していく。そして、この感覚を一度身に付けた子どもは、成長過程はもちろん、大人になってからでも、相当強烈なストレスに晒されようと、犯罪的な逸脱とは無縁な人生を送る可能性が高まる、というわけである。

　ところが、幼児期の段階でこの善悪の感覚が十分刷り込まれなかった子どもに、小学校入学以降の年齢になって、道徳感覚を刷り込もうとしても、それは如何に大変な作業になることか。そんなことは、小学校の教師に聞けば、どなたもよくご存知なことなのだ。なぜなら、特定の感覚を獲得するとき、乾いた大地へ水が（自然に）しみ込むような、抵抗がほとんど起こらない学習時期（幼児期）を逃してしまったからである。

　その後、子どもを待っているものは、やろうとしてもうまくいかない、人生のしがらみばかりが増えていく。もっともこれは試練であって、そこを通らないと大人にはなれない。しかも私たちは、人生で最も幸せだった、あの幼児期へは二度と帰れないのである。そうだ、ここで感傷に浸っている暇はない、本書はそんな幸福な幼児期を十分経験できなかった、あるいは間違った経験をしてしまった人たちに、支援者はどう接すればよいのか、それに答える本だということを、ついつい忘れていた。残念だが私たちも世知辛い現実へ戻ろう。

それでは、一定の年齢に達した子どもに、道徳感覚を育てることは困難なのだろうか。たしかに、既述の乾いた大地に水がしみ込むような効果は期待できないのかもしれない。しかし実際には、それほど捨てたものでもない、ということを今からお話しする。

さて、世の中には感覚に頼れない場面がたくさんある、というより、感覚に頼れない場面の方が圧倒的に多い。例えば、世界には日本とは全く異なる文化、生活習慣、宗教などを持つ国がいくらでもある。そして現代社会においては、民間企業、公務員を問わず、そうした国への出張、ときには転勤の機会がある人も決して少なくない。海外への出張や転勤が決まったとき、当事者は何をなさるか。外国語の復習はもちろんだが、必ずなさることがこれ、出張あるいは転勤先の国の文化、その国に住む人の生活習慣などをみっちり学習することだ。これは何をしているのか、あえて言うまでもなかろう。日本で生まれ育ったわれわれには、異なった文化の中で育った人の生活習慣など、感覚的には分からないところが多い。しかし、その国の文化を知識として蓄えれば、彼の国ではこういう言葉や動作は嫌われる、こういうことをすれば喜ばれる。これが分かれば、われわれは異なった感覚を持っている人とも、感覚ではなく知識（理性）によって交流ができる。そこで話を道徳感覚へ戻そう。

つまり私たちは、道徳感覚という土台ができていない人にも、あるいは何らかの理由で道徳感覚が歪んでいる人にも、知識としてそれを教え、歪みを修正する働き掛けができる。それの最も近くにある教科は道徳教育だろう。なぜなら、教育とは基本的に、感覚（感性）というより理性に働き掛けるものなのだから。もちろん、この場合の理性とは、学力とか知力と呼ばれるものより、教養と呼ばれるものに近い。教養が育まれれば、それが感覚へ波及することもなくはあるまい。たとえそれが起こらなくても、知っていることと知らないことは大違いである。ただし、感覚的な土台ができている人への道徳教育と、それができていない人や歪んでいる人へのそれは、教え方が異なる。それに答えるのが第Ⅲ部であるが、「あなたは、ここが分かっていない、だから教えてあげるから聞いていなさい」とやったら、感覚的な土台ができている人ならともかく、本書の主役になるような支援対象者にこの教示を向けると、その瞬間に支援対象者への教育効果は途絶しかねない。なぜならこの教育手続きは支援対象者との対話になっていないからである（詳細は第Ⅲ部参照）。

それと、本章の最後にもう一つお伝えしておきたいことがある。感性をとおして感覚的に理解するというのは「感じる」ということである。これに対して理性をとおして知識的に理解するというのは、「分かる」ということである。

「感じる」ということは感覚的に理解することであり、「分かる」ということは文脈的に理解するということである。

「感じる」ということは、出発地から目的地まで一気に飛んでいく飛行機のような乗り物に似ている。

「分かる」ということは、文脈的理解だから、いわば言葉、何が、どうして、どうなった、少なくとも三段論法のような語の組み立てが必要になる。これは出発地から目的地まで、一つ一つの駅に停車する鈍行列車のような乗り物に似ている。

同じ出発地から同じ目的地へ行くとしても、素早く行ける「感じる」に対して、時間の掛かる「分かる」との違いがあり、もちろんそれには双方に一長一短がある。課題によっては双方の理解を必要とすることもあろう。ただし、感覚の育っていない人に「感じる」ことを求める支援者がいる。たしかに、善悪判断など、知識として知ることではなく、感じ取ってほしいものである。知識としての罪悪感はどことなく他人事になるからである。やはり罪悪感という言葉にあるように、「悪いことをした」とか「申し訳のないことをした」という反省には、感覚的な罪悪感（実感）が伝わって、初めて相手の納得も得られやすくなるというものだ。だから私たちは、道徳的な課題を前にすると、支援対象者に「そこ」を感じ取ってほしいと思いやすい。しかし、道徳感覚の育っていない人もいるということは分かっておく必要がある。この感覚が育っていない人に、感じさせようとすること、これも本書の主題である「煩悩」を形成しやすいものになる。それへの対話を試みるのが第Ⅲ章であるが、次章では道徳感覚にも関連する謝罪について考え、第Ⅱ部をまとめることにしたい。

第一〇章　謝罪

謝罪は社会的な意味合いがとても深い話題であるが、本書は学校や施設のための本なので、その領域に絞って話を進めたい。

実は学校や施設から私が受ける相談には、謝罪絡みのものが非常に多い。例えばこんな相談である。周囲に迷惑を掛けた子に謝罪をさせたいのだが、謝罪の意味を分かってくれない子が多く、ときには謝罪の指示に反発して暴れ出す子もいて、とても困っている、どうしたものか。そこで私からの返事は「それはあの子らの本音ですからね」である。

つまり、謝罪を求められた子どもにも、それなりの「言い分」があるということだ。考えてもいただきたい、おおよそ「この世（浮世）」の人間模様の中で起こる「いさかい」には、よほどの犯罪的な行為でもない限り、迷惑を掛けた側が全面的に悪い、迷惑を受けた側が全面的に正しい、というようなことは起こり得ない。それを飛び越して謝罪せよと言われると、「自分だけが悪者にされる」というイメージでしか事態を捉えられない（要するに修業の足りない）行為者が、私も含めて多いのである。だから「自分は悪くない（より正確に言えば自分だけが悪いのではない）」という言い分がうごめいてしまう、というわけだ。この自己主張を和らげる対話は、言い訳への対応など、第Ⅲ部に出てくるので、そこを参照していただくとして、ここではもう少し違う角度からの話をしたい。要は教育なのである。

私たちは、教育し支援する立場で仕事をしている。したがって、そうした役割に任じるものとして、謝罪の教育的な意味や、その効果を考えておかないと、ピント外れな場面を招きかねない。まさにご用心、ご用心なのである。

そもそも謝罪には教育的効果などあるのだろうか。これはいわば、既に述べてきた叱責の発展形であり、少なくとも私は、支援を必要とする人に一方的に謝罪をさせても、当人への教育的効果にはほとんど期待できないと考えている。もちろん、謝罪は大切な課題である。それは本人への教育というより、本人の社会的な責任の果たし方の一形態、もっというなら、周囲の納得を少しでも満たす手続き、あるいは本人のけじめの付け方として意味はあるのだろう。そこで忘れてほしくないことは、けじめをつけることで、自分の気持を整理でき、社会的にも、内面的にも、成長できる人、すなわち謝罪が教育的効果に結び付く人は、支援を必要としない人だということである。ただ残念ながら、本書の主人公になるような人は、おそらく違う。謝罪したことが心の傷となり、恨みすら残しかねない人たちなのだから。

そうした、望ましくない事態への移行を避ける手立て、それが本書における教育的な謝罪であり、そこでの謝罪では、額面通りの「謝る言葉」を求めるようなことは当面行わず、結果的にご本人が「ごめんなさい」と言えたような気持になれるような対話を工夫する、その上での「ごめんなさい」なのだ。そんな超人的に難しいことを、と思わないでほしい。そこで用いる対話は、第Ⅲ部にあるように、意外にシンプルなやりとりなのだから、と切ってしまうのも不親切なので、ここではその概観を図式的に示しておこう。

つまり、迷惑を掛けた側と、迷惑を受けた側が、その行為について対話すること、対話のサポートを支援者が引き受け、双方の納得を導き出すこと。それに用いる対話とは、迷惑行為に辿り着くまでのお互いの「いきさつ」の推移を、双方が点検しやすくなるよう、支援者が対話の進み具合を調整すること。つまり教師（または施設職員）は、特定の人の言葉や行為に対して、受け手はどういう反応（処理）をしたのか、それに対して迷惑を掛けた人はどういう反応（処理）を返したのか、要するに迷惑行為が発現するまでの行程を、お互いの言葉で語らせ、それを双方へ通訳すること。対話の結果はフローチャート風に図面化し、それがまとまった段階で、お互いがどうしてほしいと思ったのか、それのどこに無理があったのか（「問題があったのか」と言わないところがミソ）、そして対話を終えるときには、お互いにトラブルの理由が分かってよかったという納得へと持って行くこと。最終的には双方が無理をした点について、お互いに「ごめんね」と、儀礼的にではなく、自然に言えるようにすること。支援者は双方へのアフターケアを行うこと。おそらくこれが、図式的ではあるが教育的な謝罪のパターンだと思う。第Ⅲ部では、こうした会話の実際が、謝罪に限らずに出てくるので参考にしてほしい。

さて、本章で強調しておきたいことは、本来「ごめんなさい」という謝罪は、人間関係が出来上がっている仲間同士であればともかく、それ以外の場面では迷惑を掛けた側を批判する対応になりやすく、それは社会的なけじめとしての意味はあると思うが、たとえ必要なやりとりであったとしても、教育的対応とは無縁なところにわれわれを導くおそれがある。はたして、支援者は支援対象者の謝罪の仕方に納得できるのか。迷惑行為を受けた側は謝罪者の言葉如何によっては、かえって傷付くのではないか。考えれば考えるほど、謝罪とは危険性をはらむ働き掛けだと思うが、謝罪させることにこだわる支援者は意外に多い。謝罪という言い方、教育という枠組みの中では、かなり特殊な響きを持つ言葉であるが、私にはこれも支援者を強く呪縛する煩悩の一つであるように見える。

第Ⅲ部

煩悩との対話

第Ⅰ部と第Ⅱ部は、支援者を呪縛している煩悩と対話していただくための、いわば準備運動であり、いよいよ本書の本書たるところ、すなわち第Ⅲ部へ入るわけだが、その冒頭で「会話と対話の違い」について述べておきたい。なぜならこれは、第Ⅲ部というより、本書全体のキーワードにもなるからである。

なぜこれがキーワードなのか。それは私が「会話」と「対話」は異なった概念だと考えているからである。つまり私は、場を盛り上げ、楽しみ、ときには場を鎮める、そのための言葉や動作によるやりとりを「会話」と呼び、異なった感じ方や考え方を持つ者同士が、お互いの違いを乗り越え、新たな展開を図ろうとするときの、言葉や動作によるやりとりを、「対話」と呼んできたからである。

つまり、最初から同じことを求め、楽しもうとしている、あるいは相手の気持ちを察し、支え合える道を探そうとするときの「やりとり」が会話だとすれば、最初から求めるものが異なる者同士の会話、あるいは会話の中で意見の不一致が起こったときの「やりとり」を対話だと考え、それを一冊の本にまとめた、それが本書なのだから。

その一方で、本書に出てくる対話には、もう一つの別条件が加わっている。というのは前述した対話、これは考え方や立場の異なる者同士が、お互いの違いを越えて、歩み寄る必要性を分かり合っていること、この時点でいわば理想形としての対話である。ところが読者もよくご存じのとおり、すべての対話がこうした理想的なパターンで交わされるとは言いがたい。むしろこの条件を維持できない場合の方が多いのではないか。特に本書で取り扱う対話、それは相互間の認識にズレがある支援対象者を前提にしているということ、すなわち、あなたは相互理解の大切さをよく分かっているのだが、あなたの支援対象者は違う。そんなことは意に介さず、あるいは食い違った状況を何とかしたいとも思っていない。そうした相手を、あなたと同じ気持ちにさせる動機付けの方法と、それに必要なやりとりを描き出すこと、それがここでの対話なのである。しかも、本書での対話には、さらにもう一ひねりがある。つまり、やる気のない支援対象者のお相手をしている支援者、つまりあなたの側にも、支援対象者をその気にさせることを阻む、いろいろな思い込みがあるのではないか。それを本書では「支援者を呪縛する煩悩」と呼び、例えば支援対象者にリラックスしてもらうためには、まずあなたがリラックスすること、そのために必要なあなたへの支援を描いたもの、それが本書であり、その中心になるものがこの第Ⅲ部なのである。それでは、冒頭での解説はこの辺りにして、私とあなたとの対話、そのページを開いてみよう。

第一章　教室内での不適切行動を巡る対話

性器いじりを巡る対話

〈場　所〉特別支援学校

〈登場人物〉私

A　ベテラン教師（男性）

B　クラス担任（若い女性教師）

巡回先の特別支援学校で、午前中の生徒の様子を見せていただき、廊下を歩いていた私を、A先生とB先生が呼び止めた。

A　ちょっと、ちょっと、小栗さん。

私　はい、なんですか。

A　実は今さら聞けない質問なんですが、聞いていただく時間はありますか。

私　午前中の行動観察は終えましたし、ケース会議は午後なので、先生方が参集されるまでしばらく時間はありますが、改まって何でしょうか。

A　この中学部（通常学校であれば中学校）のクラス担任のB先生がすごく困っているので、少し時間をいただけないかと思いまして。廊下で立ち話もなんですから、空き室になっているケース会議の部屋でよろしいでしょうか。

私　はい。時間は十分あるので、私は大丈夫なのですが、「いまさら聞けない質問」というのは意味深長ですね。私でお役に立てそうなことならいいのですが……。

A　いえいえ、それが小栗さん。小栗さんにしか聞けないような内容なのです。中等部一年の男子に性器いじりをする生徒がいて、それの止め方に関する質問なのですが。

私　ほう、性器いじりですか。でも、それがどうして私にしか聞けないことなのですか？

A　それは、小栗さんのご専門が逸脱行動への対応だと聞いているからです。今朝のミーティングのとき、今日は小栗さんがみえると聞き、予定外の相談でも乗っていただけるものか、と思いまして。

私　なるほど、そういうことですか。まあたしかにそれは私の守備領域ですね。しかも性的領域での逸脱行動には、ある意味ずっと付き合ってきた者の一人ですから、何かお力になれるかもしれませんね。でも、もう一つ、どうして性器いじりが、いまさら質問できないことなのでしょう。私としては、そちらの方にむしろ興味を惹かれましたね。

A それは、ここが特別支援学校だからなのです。もちろん、たとえ特別支援学校だからといって、決して性器いじりをする生徒ばかりではないですし、そうした生徒はむしろ少数派なのですが、特別支援学校には昔から、一定不変の数でそういう性行動を教室でしてしまう子がいることは、誰でも知っていることで、いまさら「どうしたらいいのでしょう」と聞いても、「それじゃあ、今までどう対処してこられたのですか」と問い返されるのが落ちだと思い、「いまさら質問できることではないですが」と言ったわけです。

私 ああ、そういうことですか。でも気になさる必要はありませんよ。皆さんそんなものです。私にはその理由が分かるような気がしますね。だって、授業であれば公開研究授業があるのですが、こうした行動への対応には、公開研究授業のような機会がほぼないので、その多くが個人技となり、しかもそれは、個人の企業秘密化しやすい。いやいや無理からぬことだと思います。それをあえて、「いまさら聞けない」と銘打って聞いていただいた先生の勇気、それに私は感動し、それを私に聞いていただけたことを光栄に思います。もちろん、お役に立てるかどうかは別にして、ですがね。

A ありがとうございます。そう言っていただけると、かえって恐縮です。でも、たしかに性器いじりは、特別支援学校にとって永遠の課題なのかも知れません。「授業中にそれはやめよう」と指導すると、その場は止まっても、また再発することが多いですから。

私　なぜ再発してしまうのでしょう。

A　私も、いつもそれを考えているのですが、よく分かりません。ここにいる担任のように、若い女性教師の前では特に目立つような気もしますから、性的な興味が関与しているのではないかとも思うのですが、保護者の話によると、家の中の居間でも、お構いなしにしているようで、保護者も困ってみえます。

私　う～ん、性的興味ですか、たしかにそういうこともあるでしょうね。でも、「それはやめなさい」という指導で、その場では止まるのに、どうして繰り返すのでしょうか。担任の先生が若い女性だからでしょうか。

B　私に対するものだけではないと思います。私も「そんなことはしないように」とか、「そんなことをする○○くんは嫌いだ」とか指導しますと、その場では止まりますから。それにお家でもしているようですから。

私　うん、担任の先生がおっしゃったことは大切なポイントですね。一般的なお話になって恐縮ですが、こうした行動は、自己刺激といって、何もすることのないときや、与えられている課題に興味を覚えないようなときに起こることが多く、特に性器の部分は微妙なくすぐったさがあるとか、男の子だと、触っているうちに勃起が起こるとか、それにもまた、ムズムズするような、微妙な快感が伴うとか、性器は自己刺激の意味深な部位でもありますからね。だから、そうした行為は、習癖化を招きやすいところもあり、元々やっかいなものなのです。

B　本当にやっかいなものです。何とかならないものでしょうか。

私　まあまあ、そう焦らずに。でも、困った、困った、と言っていて片付くものではないので、その不適切な習癖行動への介入法を考えてみましょう。まず、「それはだめ」という指導が、その場では効果があるのに、どうして再発してしまうのか、その理由を考えてみましょうね。その答えは比較的簡単で、この「ダメ」という指導には、その場で特定の不適切行動を止める効果はあっても、再発を予防する指導にはなっていないということ、要するに、叱責としては機能していても、この叱責には、再発を予防する効果が含まれていないからです。そこで、私の答えを先に言ってしまうと、不適切行動をその場で制止させる指導と、再発を予防する指導は、そもそもやり方が違うということなのです。

　もう少し詳しく説明しましょう。前者は微視的アプローチ、後者は巨視的アプローチと呼ばれるものです。微視的アプローチとは、その不適切な行動を止めるという働き掛け、巨視的アプローチとは、その不適切行動に対処するだけではなく、興味や関心の領域を拡げ、生活の質を高め、社会性を育てるという、より対応範囲の広い教育的なアプローチによって、支援対象者の成長を促し、不適切行動から卒業していくように支援するやり方のことなのです。そして、この二つのアプローチは、どちらかが正しく、どちらかが間違っているという関係にはない。したがって両方とも並行させることが肝要だというわけです。

それに私は、永遠不滅の性器いじりなど見たことも聞いたこともありません。つまり大抵は、「そういえば最近していないね」というような推移で目立たなくなっていきます。ただ、この種の習癖行動は、指導者自身が気になってしまうものばかりなので、指導者も「ダメ」という指導にこだわってしまいやすい（本書で言う煩悩化しやすいということ）。しかし残念ながら、指導者がこだわればこだわるほど、子どもも不適切行動に呪縛されやすくなり、支援者と支援対象者が協力して、当該行動を持続しやすくしてしまう、というわけなのです。

A　なるほど、そう言われてみれば、たしかにそのとおりだと思います。大切なことは、微視的アプローチと、巨視的アプローチの併用ですね。多少面倒になるかもしれないけれど、困った困ったと嘆いているより、はるかに生産性が高いというわけですね。

私　さすがA先生、大当たりですよ。ところで、B先生、「やめましょうね」と指導するとその子は、その場では性器いじりをやめるわけですね。そのとき、先生は何か生徒にフィードバックはしていますか？

B　「もうしないようにしましょうね」と言って指導を終えていると思います。

私　それって、とてももったいないと思いませんか？

B　エッ、どういうことでしょう。

私　先生の指導で、生徒さんは性器いじりを止めたわけですね。そこで「もうしないように」ではもったいないと思うのです。

　もう少し詳しくお話ししましょうね。子どもはせっかく性器いじりを止めたわけです、そこで「もうしないように」といくと、「やめましょう」に続けて二重の叱責をすることになってしまいます。かといって、この場で「やめてくれて嬉しかった」と褒めるのも大げさな気がします。そこで言葉で褒めるのではなく、片方の手でグッジョブサイン（👍）を返すことをお薦めしますね。そうすると子どもはニヤッとする可能性があります。

　つまり、子どもは家でも、学校でも、性器いじりをしています。したがって、家でも、学校でも、「やめなさい」と叱られていますね。そこで子どもは性器いじりを止めるのです。すると大抵「もうしないように」とまた叱られます。ところが今回はグッジョブサインが返ってきた。この思いがけない先生からの肯定的なアクションに、子どもはついニヤッとしたわけです。そうしたら先生は、グッジョブサインを、親指と人差し指で輪を作るオッケーサイン（👌）に替えて生徒にお返ししましょう。そうすると生徒は、思いがけず褒められたことに、ニッコリする可能性が高まります。お分かりですか。叱責は必要があって行うものですが、これはあまり教育的なやり方（やりとり）とは言えないのです。それに対して、ここで示した肯定的なフィードバックは、優れた教育的なやりとりになっています。だから、これはお薦めものなのです。

B　なるほど、これ面白そうですね。たしかにおっしゃるとおり、叱責は、それのみだと教育的なやりとりにはなりません。このやり方はすごいと思います。私いつも生徒を叱った後、自分も良い気持になれないのです。叱られた生徒も同じですよね。このやり方は、叱責への嫌悪感から私を救ってくれるかも知れません。次から他の生徒も含めて使ってみたいと思います。ありがとうございました。

【解説と応用】

前節で取り上げたのは、特別支援学校での性器いじり対応の一例である。このやり方の美味しいところは、指導を支援者からの「やめましょう」という一方通行のメッセージで終わらせていないところ。つまり「やめましょう」の後に、肯定的な「やりとり」を作っているところである。もう一つの美味しさは、不適切な行為をした生徒を、最終的には褒めているところ。しかも、その褒め方に「よくできました」とか「やめてくれて嬉しい」という言葉を一切使っていないところである。つまりここで用いた動作（ジェスチャー）は、立派な対話になっているということだ。

　これはあえて言うまでもないことだが、会話とか対話というものは、言葉だけではなく、動作も（自然に）伴うものである。しかも、明確なメッセージを随伴する動作は、言葉によるメッセージより、即時的な波及力が強い。そのことは、グッジョブサインやオッケーサインのところで十分納得いただけたと思う。というより、この動作にみられるような、特定の行動を増やしたり減らしたりする補助的な刺激（プロンプト）は、もともと言語プロンプト（例えば言葉による指示）より、動作プロンプト（例えば指差し等のジェスチャーによる指示）の方が、周囲への波及を起こしやすいのである。これは行動科学の原理として、実際場面でも当たり前に使われており、要するに聴覚刺激より、視覚刺激の方が、直截的なのである。さらに視覚刺激についても考えていただきたい。「ここに消火器があります」と文字で表示されるより、消火器の絵と赤色の矢印を表示し、矢印の先に消火器を置いた方が、直感として分かりやすいのである。

もちろん、この解説で述べた介入法は、微視的アプローチなので、巨視的アプローチとの併用が必要なことは前述したとおりであるが、その上で申し上げたいのがここ、つまり学校にせよ、施設にせよ、私たちの指導とか支援というものは、そのままだとどうしても、言葉優位の方法で進みやすくなる。しかし、言葉というものは、特に否定的な状況への介入に用いると、「それはダメ」という否定語に頼ったものになりやすい。そこは本書でいう支援者の煩悩が関与しやすい場面でもあるので、十分な注意を持って接したい。私は、これが本章における一つの結論だと思う。

さて、私たちは対話において、言葉だけではなく、今まで以上に、動作を用いたコミュニケーションにも意を配したい。そこで、言葉の使用を最小限に抑えた対話の仕方について、特別支援学校のみではなく、通常の学校での適用例も示しておきたい。

例えば授業中に、隣の生徒と私語を交わしたり、窓の外を見てボンヤリしたり、椅子をギシギシ鳴らしたり、筆記用具（ボールペンなど）の分解組み立て作業を始める生徒に困られたことはないだろうか。そういうとき、前節の性器いじりと同様の対応を試していただきたい。ただし、「授業中だからやめなさい」というメッセージは一切生徒へ向けず、あなたは通常の授業展開を図りながら、不適切行動（例えば隣の生徒と私語を交している生徒）の机に近づき、そっと当該生徒の机の上に手を置いてみる。そうすると、その生徒はピタリと不適切行動を止めてあなたの方を見るはずだ。そこであなたはニッコリしてグッジョブサインを返す。するとかなり高い確率で、生徒はあなたの方を見てニヤリとするだろう。そこであなたは、さらにニッコリして、グッジョブサインをオッケーサインに替える。すると生徒もニヤリを止めてニッコリする、というわけである。

　これは何が起こったのだろう。あなたは、私語を交わしている生徒に近づいて、当該生徒の机の上に手を置いた。ここで生徒は（通常は）私語をピタリとやめてあなたを見る。それは自分たちが私語を交わしていたので、あなたがそこへ介入したのだと生徒は思ったからだ。そこで「ダメだよ」という説諭が出てくると思いきや、あなたからはグッジョブサインが返ってきた。あなたはそれが何のグッジョブなのか、生徒へは一言も説明していない。しかし生徒は勝手に（自発的に）照れ隠しのニヤッを返した。するとまた、あなたからは予想に反するオッケーサインが返ってくる。これが何に対するオッケーなのかは、相変わらず分からないのだが、生徒は勝手に（自発的に）ニッコリを返してきた。これは生徒が、「自分たちが私語を止めたから先生が褒めてくれた」と思ったからだろう。

　この展開は、要するに叱責である。ただし従来の叱責は、生徒とのやりとりを作らず、教師が一方的に説諭していることが多い、という意味で、必ずしも教育的なやりとりにはなっていなかったように思う。これに対し、ここで紹介した叱責は、生徒とやりとりを作り、その中で生徒は、自発的に（教師からは全く説諭など受けていないのに）不適切行動を止めている。この時点において、この叱責は教育的働き掛けの及第点を満たしたと考えられるのである。もちろん、教師が不適切行動の持続的な停止を望むのなら、（くどいようだが）微視的アプローチに頼るのではなく、巨視的アプローチの展開を図るべきなのだ。

さて、本章で述べたいことは終わった。とはいうものの、ここで紹介した微視的アプローチを試みても、それに乗ってこない生徒はいるものである。そうした、教師の思惑通りに動いてくれない生徒への対応は、第三章及び第四章を中心に、第Ⅲ部の中で随所に提示した。状況に応じ、使えるものを使っていただければありがたい。

第二章　虚言を巡る対話

　虚言への対応、これは実に古典的な課題である。おそらく、それは人類の歴史と共に始まり、洋の東西を問わず、綿々と現在へ引き継がれてきたものだろう。したがって私たちも、虚言にはそれなりの敬意をもって臨むべきだと思う。ともかく、虚言は人間的な行為であり、「怪しからん」の一言で終わらせるべきではないのである。

　ところで、学校巡回をしていると、ケース相談だけではなく、職員研修を依頼されることもある。そうした場面での研修は、通常の講義形式というより、先生方との対話形式で進めるものが多くなる。なぜなら、校内研修は比較的少人数で行えるし、参加者と自由に話し合った方が、研修の内容が深まるからである。ここでは、そうした校内研修のひとこまを紹介するが、研修のテーマは生徒指導、冒頭から虚言のある生徒への対応について、ずばりとした対話が交わされていく。

　なお、虚言については、本書の姉妹編（『ファンタジーマネジメント』二〇一五年、一五八～一七〇頁）でも触れているが、本書では子どもへの対応というより、支援者への対応がテーマなので、おのずと内容は異なる。できれば双方を読み比べていただきたい。

【解説と応用】

本章以降の記述は、私と教師との対話を再現するスタイルで構成されている。そうしたこともあり、特に本章では、私が巡回先の学校や、訪問先の施設において、支援者とどのような対話の展開を心がけているのか、その点をお伝えするように努めた。

そこで本章をお読みいただくと、私と教師とのやりとりは、かなり「くだけた」雰囲気で進んでいることに気づかれると思う。また、それぞれの場面における対話の要点は、そこに登場する教師の言葉の中で解説してある。実は、こうした展開が起こるように心がけながら、相互の交流を図る点も、対話の醍醐味だと思っている。そしてこの展開は、対話の相手が支援対象者であっても同じことである。本書の姉妹編である『ファンタジーマネジメント』で述べた、「肯定的フィードバック」はもちろん、「的はずし」といった手法も、そのための工夫を体現したものである。

さて、対話の雰囲気作りとか、その際の言葉や口調など、これは対話者の個性に依存するものである。以下の対話の中にも出てくるが、対話の目指すものは、「これが答え」という到着点を求めるものではない。目の前の課題、あるいは将来の課題について、異なった考え方をするもの同士が、同一のテーブルで向き合い、知恵を絞って考えることをこそ目指すべきだと思う。そういう点では、教師と私は異世界に住む者ではない。いわば同じ方向を目指す仲間である。しかし、ここでお示しした対話のスタイルは、異世界に住む人にでも適用できるものであり、異なった感性、異なった理性、これの持ち主が交流する際にも大切な視点となるだろう。使えるところを使っていただければありがたい。

それでは対話の世界へご案内しよう。

※本書で紹介する対話法は、動機づけ面接法（Motivational Interviewing）と呼ばれることもある。チェンジ・トーク、リフレイミング等。

〈場　　所〉　中学校の多目的室

〈登場人物〉　私

教師（複数）

1　ウソツキとドロボウ

教師　虚言のある生徒について小栗さんの話を聞きたいのですが、小栗さん、ウソツキはドロボウの始まりということわざがありますね、あれは本当のことですか？

私　エッ！　一体どうしたのですか？

教師　唐突にごめんなさい。小栗さんは、元々少年非行の専門家ですよね。実は学校の教師を困らせる生徒の言動の一つに虚言があるのですが、これにどう対処したらよいのか、正直言って分からないことが多いのです。そういう生徒は、大抵クラスメイトからもウソツキの烙印を押されていますし、このまま大人になったらどうなるのか心配で、非行少年をたくさん見てこられた小栗さんなら、ウソツキ対応の仕方をご存じだろうと思ったわけですが、こんな相談でも大丈夫でしょうか。

私　そんなお気遣いは不要ですよ。そうですかウソツキですか。それは心配ですね。う～ん、ウソツキとドロボウですか。たしかに先生もおっしゃるように、私はウソツキ対応に関しては、かなり筋金入りだと思っています（笑）。それは、非行少年にはウソツキと言われている人が多いからです。あ～、こんな言い方をすると、やっぱりウソツキはドロボウの始まりなのかと、逆に思われてしまいますね。でもこの問題、まずは、こんな具合にお考えになったらいかがでしょう。

　最初に結論を申し上げておきますと、ウソツキとドロボウには、直接的な関係はないと思います。でもその一方で、子育ての最中に、子どもがウソをつくようになると、保護者はその子どもに育てにくさを感じてしまうものです。そうした子どもへの警句として「そんなことをしていると、そのうち悪い人になってしまうよ」と言いたくもなる、これは正直、保護者の親心だと思いますよ。だって、ウソをつくことは、誰が考えても褒められたものではない、つまり良いことではない、ということは、悪いことですから。それが転じて「ウソツキはドロボウの始まり」という言葉になったのではないか、と私は思っています。

　確かに犯罪をするような人には何かとウソツキが多い、ということは言えそうな気もしますが、子どもがウソをつくからといって、それをドロボウと等符号（＝）でつなげるのは、いかがなものでしょう。まあ、それはそうとして、先生方が困っておられる生徒のウソって、どんなものですか？

2 ウソツキ百態

教師 そう、ここで相談したいのはそのことなのです。ウソツキは男子生徒にも女子生徒にもいますが、どちらかというと男の子に多いように思いますね。ともかく口からウソが飛び出す。それも何でそんなウソをつかねばならないのか分からないようなウソから、明らかに周囲を巻き込む意図を持った、意地悪としか思えないウソ。そうかと思うと、明らかにその子がやったに違いない非行を認めようとしないウソまで、いろいろなタイプがあって、教師はとても疲弊します。ぜひそれらのウソへの対応の仕方を教えてほしいと思うのです。

私 なるほど、先生方が困っておられる姿がよく見えてきました。でも、先生もおっしゃったように、ウソにはいろいろなものがありますね。どのような虚言からお話ししたらよいのか私も迷いますが、先生方からのリクエストはありますか？

教師 ありがとうございます。私たち教師は、生徒の虚言に悩まされることが少なからずあって、とても困るのですが、よく考えてみると、今日ここへ小栗さんをお呼びするまで、生徒の虚言について、じっくり話し合う機会はなかったように思います。ぜひ基本的なところから教えていただきたいですね。

私　それは、それは。長いこと子どもや大人のウソと付き合ってきたというか、ウソツキ対応を余儀なくされてきたというか、ともかく私のような仕事をしてきた者にとって、基本的なところから教えてほしいと頼まれるのは、真に光栄の至りです。それでは、どこまでお役に立てるかどうかは別にして、虚言学講座を開いてみましょうか。ところで、虚言のある人は、大人にも子どもにもいるわけですが、ここでは大人のウソというより、子どものウソを中心にお話を進めたいと思います。なぜ子どもからかというと、子どもも大人も、虚言の構造自体ほぼ同じだからです。ただ、大人の場合は人生のしがらみを背負っているというか、虚言の基本的なメカニズムに、紆余曲折が加味しますから、まずは子どもから入った方が虚言対応の理解は深まりやすいと思うからです。

3　虚言による言い訳

私　それではまず、私の方から先生方へ質問です。子どもは、一体どんなときにウソをつくと思われますか？

教師　う～ん、そうですね。それは、例えば宿題をやってこなかった等で、教師からその理由を問われたとき、とか、でしょうか？

私　それでは、どうして一部の子どもは、宿題について教師からいろいろ問い詰められ、ウソをつかなければならない状況へと自分を追い込むのでしょう。

教師　それは小栗さん、一部の生徒は元々宿題をやる気がないからだと思います。

私　なるほど。それでは一部の生徒はどうして宿題をやる気がないのでしょうか。

教師　それは残念なことに、宿題を自分で解けないからだと思います。

私　なるほど。一部の生徒は宿題に自力で対処できない。となれば宿題をやる気もなくなる。ということは、この生徒の虚言とは、先生をだます、ということではなく、自力で解けない宿題への言い訳、つまり生徒が宿題をやらないのではなく、宿題をやれないことに原因があるわけで、それは、相手をだまそうとする虚言とは違いますね。そもそも、子どもは自力で軽々とできる宿題であれば、余程特別な理由でもない限り、自分でやってくると思いますよ。なぜなら、特別な理由があるのであれば、例えば「昨夜祖父が急に倒れて、救急車を呼んだりして、家中がバタバタし、宿題どころではなかったからです」と本当のことが言える。もっとも、中にはそういう虚言を言い訳にする子もいますから、一筋縄ではいかないのですが、いずれにしても、その背景には、「与えられた課題に対処できない」という理由があるのですからね。

教師　言われてみればそういうことですね、言い訳が虚言になっているということですか。う〜ん、ということは、その虚言は、生徒が自力で対処できない宿題を出している教師側の問題だということですか。

私　さすが先生方、分かっていらっしゃるじゃないですか。厳しい言い方をすればそういうことになりますね。ということは、これは先生方の宿題だということになります。

教師　小栗さん、けっこうズバリと言いますね。でも本当のことではありますね。これは教師というより、学校の宿題ととらえて別の機会に議論すべきだと思いました。本当のことを言うと、教師はみんな、この現実には気付いているのですが、それではどうするか、というところで方法論が見つからない。つまり、従来やってきた学力を高める教え方と、勉強へのやる気を失っている子どもへの教え方は、やり方が違う、これくらいのことは新任教師でも分かることだと思います。でも、それではどうするのか、というところの詰めが、教師全体にできているかというと、まだまだ十分とは言えない状態がある。だから学業不振に対して取り組むことに、教師は消極的になりやすい。これって、考えてみると宿題をやってこない生徒と同じ状況じゃないですか。実は、そのことも教師は分かっている。だから学業不振を語り始めると、教師は無気力に直面せざるを得ない。要するに、この言い訳は虚言対応の課題ではない、ということですね。

私　すばらしい。この点に関して私からはもう言うことはないですね。ぜひ学業不振対応への工夫をよろしくお願いしますよ。

教師　そういう言い方をされると反論できないじゃないですか。それではこの議論はこの辺りにしておいて、虚言の本質だと小栗さんが思っておられることへの虚言学講義をお願いします。

4　多弁としての虚言

私　それでは、本来の虚言学講座を始めましょう。そこで、私が最初に取り上げたいと思うのは、既に先生方もおっしゃっていたような、なぜそんなウソをつかねばならないのか、理由が分からない、例えば、他人をだまさなければならないような状況でもないのに、軽い虚言が次々出てくる子どももいるものです。実は、こうした「とりとめのないウソ」の中に、虚言の本質の一つが隠されていることがありますので、まずはここから始めたいと思います。そこで、また先生方へ質問です。どういう子どもがこんなとりとめもないウソをつくのだと思いますか？

教師　エッ、それは、自己肯定感が乏しいとか、人から批判されるのではないかという不安があるとか、それこそ虚言による言い訳で誤魔化してしまうような生活習慣が身に付いてしまったとか、そういうことですか？

私　そうしたこともあると思います。でもそうすると、例えば生活習慣をどう立て直すのかという、大きな課題に取り組まざるを得なくなってしまうので、ここではまず、虚言に論点を絞りたいと思います。そこで先生方へ質問です。とりとめのないウソをつく子どもには、無口な子が多いか、おしゃべりな子が多いか、いかがでしょう。

教師　それは、だいたいにおいて、おしゃべりな子が多いと思いますよ。

私　それはそうでしょうね。もっと質の悪いウソをつくような子どもには、ときには無口な子もいますが、大体において、とりとめのないウソをつく子には、おしゃべりな人が多いものです。だって、無口な人はウソに関しては基本的に平和ですからね。おしゃべりだから、黙っているとしゃべりたくなる。だけど、これといった話題があるわけでもない。そうしたときにウソが出てきやすくなる、というのが基本図式ですからね。黙っているとしゃべりたくなる、これは多弁の一種なのですが、多弁は口の多動だとおっしゃる専門家もいるくらいですよ。でも、この種の虚言への対応、先生方は今までどうされてきましたか？

5　ウソは暴きたい

教師　むずかしいところですね。でも小栗さんの話を聞いていて思ったのですが、とりとめのない虚言は、自己自慢の作り話だったり、事件や事故を目撃したという作り話だったりしますが、これには相手をだまして利を得ようとするような「ふとどき」な動機はないような気がしてきました。でもやはりウソはウソですから、教師としては、そのまま放置はできませんね。第一、そんな作り話を平気で言うようなことが続けば、やがては周囲から信頼されなくなりますし、それは本人にとっても決して幸せな状態とはいえませんから、やはりウソはウソとして暴くようにしたいですね。

私　う〜ん、そうですか。やはりウソは暴きたいですか。たしかに、ウソツキと言われる人には、ウソをつくことを止めさせたい、それが人情というものですからね。でも、とりとめのないウソをつく人は、先生もおっしゃったように、一般的にはそのウソにだまされ、ウソの被害者になるような人は作りません。だからとりとめのないウソなのです。しかし、被害者はいなくても、教師としてはそのウソを暴きたくなる。ここで少し考えてみてください。そういう人のウソを暴いても、何か良いことが起こるのでしょうか。つまり、この状況はウソをついている人の側から見ると、こんなことが見えてきますよ。それは、教師が本気でその人のウソを暴こうとすると、ウソツキにできることは、「ごめんなさい、ウソをついていました」と謝るか、さらにウソをついて誤魔化し続けるか、この二つ以外に選択肢がなくなるのです。かといって、ウソツキが教師からウソを指摘され「ごめんなさいウソでした」とすんなり謝るような姿を、私は見たことがありません。逆によく見かけるのは、ウソツキが教師に厳しく追及され、ついに言い逃れができなくなって泣き始める。そこで教師が、「もうウソはつくなよ」と説諭して終わる。う〜ん、たしかにウソは暴かれたわけですが、この状況、私にはどう考えても、幸せな終わり方だとは思えません。つまり、ウソを暴こうとすることは、どちらに転んでも心地よい終結には辿り着けないのです。

とはいえ、ときにはウソを見逃すのではなく、事実確認が必要な場合、つまりウソを本気で暴かなくてはならない場合もあるものです。例えば、ウソの被害を受けている人がいるような場合がそれに当たります。ただし、事実確認ができ、それはウソであったことが分かったとしても、既に申し上げたように、ウソを暴くだけでは、望ましい結末には辿り着けない場合が多い。ウソをついた人も、ウソをつかれた人も傷ついて終わる。ウソツキ対応をしていると、こうしたジレンマ（板挟み）というか、双方相立たずの状況によく出合うものです。そうしたときには、虚言対応とは本当にむずかしいものだと思ってしまいますね。でも、これで終わってしまっては、面白くも可笑しくもない、何とか生産性のあるピリオドの付け方はないものか、それをずっと考え続けてきました。その結果見えてきたものが、ウソを暴こうとしない虚言対応なのですが、このいわば、究極の虚言対応について、先生方と話し合ってみたいと思います。

6 ウソを暴こうとしない虚言対応

私　ともかく、虚言対応は本当にむずかしい課題ですが、とりとめのない虚言については、おしゃべり（多弁）と関係がありそうだということは既に述べたとおりです。そこでもう一歩突っ込んで、あの人たちは、自分の頭の中のどこから、このウソを思い付くのでしょうか。それはおそらく、自分の興味・関心という井戸の中から汲み出すのではないかと思うのです。だとすれば、やることは一つ。先生方ならどうされますか。

教師　なるほど、なるほど。おしゃべりな子どもは、じっと黙っていることがつらい。だからついつい口を開いてしまう。しかし、今ここで特に取り上げるべき話題もない。そうしたとき、溢れ出してしまうのは、自分の興味・関心の世界、というわけですね。

私　お見事。それで次にすることは？

教師　小栗さんのシナリオが読めました。その作り話を暴くことではなく、その話題で盛り上げてしまうこと。例えば、交通事故で救急車が三台も来た、という話であれば、救急車とかレスキューの話題で盛り上げる。有名な芸能人、例えばアイドルの一人が自分の親戚だ、という話であれば、芸能人の話で盛り上げる。運動能力に優れた家族や親戚がいるという話であれば、その競技の話で盛り上げる。霊能力の話であれば、ＥＳＰ談義で盛り上げる、ＵＦＯ目撃談も同じこと、というわけですね。

私　すごいですね。それだけスラスラ出てくるということは、先生方がいかにこうしたとりとめのない虚言に悩まされているかという証拠だと思います。この虚言を暴こうとすれば、どちらに転んでも、望ましい結論には到達しにくい。ということは、先生と子どもとの人間関係も怪しくなる。そこで、その虚言を一つの話題として盛り上げてしまう方を選択できれば、生徒の虚言が教師との信頼関係を深める役割を果たす可能性も出てくるわけで、ぜひ一度試みてみられたらいかがでしょうか。ただし、一点ご注意を。数は少ないのですが、その話、ウソではなく本当の話の場合もありますから、最初から「虚言だ」と決めつけるのはいかがなものかと思います。

7　支援者の煩悩と虚言対応

私　さて、虚言対応の最後に出てくるのが、今までの話とは真逆、つまり、ウソを暴く必要のある虚言への対応です。先生方いかがでしょうか。

教師　そうそう、そこが最も知りたいところです。今までの話し合いの中で、虚言を暴くということは、どちらに転んでも望ましい展開は起こりにくい、そのことはよく分かりました。しかし、実際にはその子がやったに違いない非行を否認されるととても困ります。また、Ａさんには、Ｂさんがあなたの悪口を言っていたと伝え、Ｂさんには、Ａさんがあなたの悪口を言っていたと伝える、その結果、ＡさんとＢさんの関係がぎくしゃくしてしまう。こうしたウソであれば、ＡさんとＢさんから事情を聞けば、だれが、どこで、どんなウソをついたかを暴くのは比較的簡単です。しかし、他人に言い及ぶことはせず、自分だけでやる「自作自演」のウソには困りますね。例えば、自分を誹謗中傷するメモが机の中に入っていたと言って持ってくるような事案、これは先程のＡさんやＢさんのような被害者の証言が得られませんし、自作自演を演じている本人の姿が、例えば防犯カメラなどに写っていたというようなことでもなければ、実証はかなり困難になります。

私　たしかに先生方がおっしゃるとおりですね。今から、このギリギリの選択について、先生方と考えてみようと思います。

ただ、先程詳しく述べた「とりとめのない虚言」への対応、先生方が頭を痛めておられる「自作自演の虚言」への対応、そして「非行の否認という虚言」への対応、これらはいずれも、既に前の方で触れたとおり、先行する本書の姉妹編（『ファンタジーマネジメント』二〇一五年）の中で述べていますので、姉妹編の姉の方をご参照ください。この姉編は妹編とは異なり、支援対象者への支援に焦点を当てていることも既に述べましたが、その点を承知して読まれれば、姉編は本書の立派な副読本になると思います。ということで、ウソを暴かなければならない場合の取り組みについて、まずは先生方にうかがってみましょう。ずばり、ウソを暴く必要がある場合にはどうされますか？

教師　う～ん、小栗さんなら、そう聞いてこられるだろうと思っていましたよ。これは、紋切り型の回答になることを承知の上で言うのですが、ウソを暴く必要があるのなら、暴かなければいけない、ということですよね。

私　まさにおっしゃるとおりですが、その際の留意点は？

教師　なるほど。これも小栗さんなら、そう質問されるだろうと思っていましたよ。まずは、あなた方に考えてほしい、というメッセージですね。

私　そのとおりです。どうも私の対話の癖というか、対話のパターンを読まれてしまったようですね。でもそれはそれで結構。私も先生方と対話しやすくなるわけですから。さあ、そこでお考えになった結果は、いかがなものでしょう。

教師　そら来た、小栗さんの対話のスタイルは、まず相手に聞くということ。そこで出てくる相手の発言を否定しないということ。要は相手に考えてもらうということ。でもこれって、少し意地悪なところもありますね。

私　決して意地悪ではないと思いますよ。私と先生方とで考えたいと言っているだけです。答えはいろいろあると思うので、答えを出すということより、お互いに考えることの方を大切にしたいだけですよ。

教師　うまいこと言うなあ。う～ん。ウソを暴く必要があるとき、先程までの対話で、ウソを暴いたとしても、良いことは支援者にも、支援対象者にも起こらないことは共通理解ができたような気がします。ではどうしたら良いのか。そこが分からない。小栗さんの意見を聞きたいですね。

私　私の方が「うまいことというなあ」と言いたいですよ。でも、お互いが困った困ったでは、ますます前へ進めないから、私の意見を言いますよ。ただ、こうした場で私が何か言うと、それが結論になってしまうことがあるので用心してくださいね。あくまで私の意見ですから。

それはねえ、ウソを暴く必要があるのなら、ウソを暴く努力をすることは大切です。ただし、例えば支援対象者が、自分のやったことなのに、「自分は知らない」とウソをついている（否認している）としましょう。そういうときには、支援対象者の自白によって、ウソを暴こうとするような、とてつもなく手間のかかる手続きは用いない、ということだと思います。

教師　なるほど、なるほど、なるほど。教師が生徒のウソを暴こうとするから、生徒はますます自らのウソにしがみつく。そこをさらに追及しても、その頑なさを和らげることはむずかしい。かといって教師が、生徒を言い逃れができなくなるまで追い詰め、生徒が泣き出したとしても、それは教師と生徒の信頼関係を崩壊させることにしかならない。だから、ウソは暴いてもいいけれど、そのやり方には、細心の注意が必要だ、というわけなのですね。

私　おっしゃるとおりです。さらに言うなら、自白を求めるやり方で、たとえ生徒が自分の「非」を認めたとしても、また同じようなウソが再発したときには、前回は「非」を認めたじゃないか、ということがかえって禍となり、教師と生徒の不信感はさらに強まりかねません。したがって、結局のところ、虚言対応においては、教師が生徒との間で、ウソを暴くやりとりを明確化すれば（それが必要な手続きであったとしても）、その後に、すっきりしない教育的な課題を残してしまう、ということなのです。ウソを暴く必要があるのなら、暴いてもいいけれど、少なくとも生徒の自白を求めるようなやり方は、教師にも、生徒にも、鬼門になりかねない。教師はそのことを十分承知した上で対応してほしいですね。

教師　う～ん、なかなか重いお話ですが、たしかにそうですね。でも、なぜこんな当たり前のことに気付けなかったのだろう。まさにコロンブスのタマゴだったのかもしれませんね。

私　いえいえ、そんなことではないと思います。それは先生方にとっては、ウソツキのような状態が続けば、その子の人生にそれが良い影響を与えるなどとは到底思えない。だから、生徒の人生を妨害することにしかならないウソの実態に、生徒自身が気付いてほしい。その手段として、「ウソは暴いてあげる必要がある」という考えが出てきたとしても、それは当然なことでしょう。でも、「嘘は罪」と言われるとおり、当然なことだからこそ、その観念は、支援者を呪縛する煩悩になりやすい。この煩悩は、先生方の生徒への思いが強ければ強いほど、そこからエネルギーの備給を受けて勢い付く、ということだと思います。ただ、この「嘘は罪」という表記、本来はロマンスにおけるウソのことですから、ここでいうウソとは天と地ほどの違いがありますね。ロマンスのウソであれば、私は幸せを感じますよ。ご安心ください。この本でも後ろの方でロマンスを巡る対話は登場しますからね。

教師　なるほど～、と言いたいところですが、それでは、生徒の自白に頼らないウソの暴き方、どうしたらよいのでしょう。

私　それこそ、先生方が考えるべき課題じゃないですかぁ。でもせっかくここまで大上段に構えた対話を交してきた先生方ですから、お仲間へのプレゼント、でもヒントだけね。

いいモデルがいますよ。刑事コロンボ、コロンボさんはロサンゼルス警察殺人課の刑事、みなさんは学校の教師、立場も課題も違いますが、彼の捜査手法はけっこう参考になると思いますよ。コロンボさんは、犯人とのやりとりは作りますが、「あんたがやったことだろう」なんて台詞は、最後の最後まで言いません。しかもその間のやりとりは、犯人に対して肯定的です。そして犯人の自白にはほぼ期待していません。やっていることは、犯人や自分の「思い」はせいぜい参考にする程度、決め手は否定できない事実の集積です。そして大切なのは、最後の最後の場面、コロンボさんは「この事実によって、あなたへの嫌疑は十分なので逮捕します」と言って、犯人に手錠を掛けることはしません。「おうい、もういいよ」とか言って、その場にいる警察官を呼び、警察官が犯人を逮捕して連行するわけです。

先生方はもちろん警察官ではないし、そもそも虚言は逮捕云々の事案ではありません。でも、どうしても虚言を暴く必要があるのなら、当該生徒と先生との間で、肯定的なやりとりは十分作っていただく、そして大切なことは、否定できない事実が集まったからといって、それで生徒を糾問しても、生徒が虚言を認めても、あまり良いことは起らない、と、しつこく言ってきた虚言対応の本質を知っておくことだと思います。どうしても生徒に否定できない事実を突き付けるのなら、それによって生徒との人間関係が悪くなることは必定なので、そこを天秤に掛けた上で判断していただきたい。これが私からの虚言対応に関する究極の意見です。

そこで、モデルになっていただいたコロンボさんの得意技を披露して、虚言に対する対話を終わりたいと思います。

「あっ『一つ忘れていました』犯罪者というものは、必ずミスを犯すものですよ」

そこで一言、先生方のお相手は、狡猾な犯罪者ではなく、虚言にしか頼れない生徒さんなのですからね。生徒さんはいずれ、自分のミスによって、自らの虚言を直視せざるを得ない状況に行き当たります。そのとき、その生徒さんの真の支えになってくれる人、それが先生方であると、私は確信しています。

教師　なるほど、虚言に対して、ここまで考える機会はいままでありませんでした。考えれば考えるほど、虚言とは人間的な行為なのですね。われわれ教師が困るのも、いわば当たり前だという気がしてきました。この人間的な行為に対して、「それはダメだ」という通り一遍の指導ではなく、今日のような対話を生徒と交わす資質、それも教師の宿題だと思いましたよ。

私　素晴らしい。どの程度お役に立てたかどうかは別にして、機会があれば、また私に声を掛けてほしいと思います。でもこの本はまだ終わりではないですよ。ここからいよいよ、支援者を呪縛する煩悩との対話、本書の正念場へ入っていきます。そのためにも、ここで展開した、先生方と私との対話、その中には、基本的な事項がたくさん出て来ましたので、頭に入れておいてください。

第三章　日常場面での支援を巡る対話

本章と次章は対をなす章である。つまり、ここから始まる二つの章は、不適切な言動のある支援対象者であることを前提にしながら、今はその言動を引き起こしていない子どもへの、「日常場面」における働き掛け（本章）と、実際に支援者や周囲を困らせる言動を子どもが示している、しかしそれは、前章で述べた虚言とか、次々章で述べる不登校のように、まとまったカテゴリーを考慮するまでには至っていない子どもへの、「指導場面」における働き掛け（次章）を取り上げるからである。

この両者がどうして対をなしているのか。それは二つの章をお読みいただければ了解いただけると思うが、周囲を困らせる言動のある子どもには、それが起こっているときの指導法はもちろん、それが起こっていないときの支援も必要であること、しかも後者については、例えば個別の支援計画を作って取り組むような本格的な支援以外にも、ほとんど手間の掛からないやりとりがあり、それも知っておいていただきたいと思うからである。

【解説と応用】

本章と次章では、私と教師との対話が、第Ⅰ部並びに第Ⅱ部で述べたことを包括するような形で展開していく。ときには、今まで述べてきたことを暗黙の前提として対話が展開する場面もある。したがって、本章に出てくる対話の背景をなす主要な概念について、既述した場所を示しておくことにした。

愛を満たすことのジレンマや情緒性の課題については第Ⅰ部第七章。隠れ上から目線については第Ⅰ部第八章。子どもを褒めるハードルを下げることの危うさについては第Ⅱ部第二章。他者批判については第Ⅱ部第五章。支援対象者の不適切な言動への対応と、支援対象者の育ちを支える対応、この双方が必要なことは第Ⅱ部第六章。言い訳への対応は第Ⅱ部第一〇章でそれぞれ触れている。

〈場　所〉　中学校での研修
〈登場人物〉　私

1　やりとりの難しい子ども

教師（複数）

教師　実は、小栗さんに何を聞こうかと皆で話し合った結果、小栗さんがよく講演で話され、本に書いてみえるあれ、そらそら、生徒にいろいろな用を言い付けてしまう支援というか、あれについて、小栗さんご本人を交えて話し合いたいと思った次第ですが、いかがでしょうか。

私　ああ、あれですか。あれなら、私が本に書いてきたものを読んでいただいた方が早いと思うのですが……。

＊小栗正幸『支援・指導のむずかしい子を支える魔法の言葉』講談社、二〇一七年、七八～七九頁

＊小栗正幸『思春期・青年期トラブル対応ワークブック』金剛出版、二〇一九年、六一～六三頁

教師　まあまあ、そんなこと言わないで、せっかくご本人が目の前にいるのだから、小栗

さんがいつも言っている「対話を交しながら考えた方が身に付きますよ」という小栗セオリーを、直にお聞きしたいということになりましてね。

私　あれは、小栗セオリーでも何でもないですよ。要は対話をしましょうということですから。何だか先にお株をとられちゃった感じですが、生徒さんに簡単な用を言い付けちゃうやつですね。

教師　そうそう、それです。あれ、やってみると、意外によい感じで進むんですが、あんなやり方どこで思い付いたのですか？　こんなことは、ここでしか聞けませんからね。

私　う〜ん。どうしてあの方法を思い付いたのか。たしかにそんなことは、講演で話したことはないし、本にも書いてないですね。あれはですね、なかなか日常場面の中でやりとりを作りにくい子がいるじゃないですか。何を聞いても「別に」というような子。何であんなにやりとりを作りにくいのか考えていて、ふと気づいたわけです。やりとりをする気のない子にやりとりを求めているからだ、とね。それならやりとりを作る必然性を高めてあげたらよいのでは？　と思ったわけです。やりとりの必然性だったら、「僕と話してみませんか？」なんてことを言っていてはだめ、それより、ごく簡単な用を頼んだ方が自然だし、やりとりの必然性も出てくると思いました。そこで「ごめん、そこに落ちている紙屑を拾って、ゴミ箱へ捨ててくれる？」とやった方が、対話の切っ掛けになるとね。

教師　なるほど、なるほど、そういう何でもない、しかしよく出くわす生徒への対応が出発点だったのですね。それくらいのお願いであれば、その子は「面倒だな」と言いながらでもやってくれる可能性が高い。でも、小栗さんというより、そのときの指導者の目は、やりとりそれ自体ではなく、やりとりの先を見ている。そらそら、一石二鳥という話はあるが、このやり方は一石三鳥だよ、という小栗さんの話につながって行くわけですね。

2　三羽の鳥

私　そのとおりです。このやり方は、ごく簡単な、短時間で片付く用務を、支援対象者に頼むことから展開されるので、どんな子でも、ほぼ確実に指導者からの「ありがとう」へ辿り着けるシナリオを持っています。ともかく、ゴミを拾ってゴミ箱へ捨てる手伝い、用紙をそろえる手伝い、机や椅子を運ぶ手伝いなどなど、日常場面で他者からの依頼を果たす体験へと、子どもを誘うわけです。

　それをもう少し細かく見てみると、まずは①指示に従って褒められる（一羽目の鳥「指示に従う練習」）。次に②必然性をもって褒められる（二羽目の鳥「信頼関係の練習」）。さらに③やりとりを褒められる（三羽目の鳥「コミュニケーションという『やりとり』の練習」)。ということになるわけです。

教師　そこをもう少し詳しく。

私　よろしいですか。まず①ですが、あの子らは指示に従ってもあまり快体験を得られない場合が多い。例えば「ほうき」での掃き掃除の指示を与えられても、教室の隅のような四角くなっているところを丸くしか掃かないとか、教室の周囲から真ん中へ掃くべきところを真ん中から周囲へ掃いたり、クラスメイトは高い場所から低い場所へ掃除をしているのに、その逆をやったり、ともかく不十分さを指摘される機会が度重なっていて、指示に従うことが楽しくなくなっているわけですね。これは、そのまま放置しておくと、将来性格が悪いと言われかねない事態を招くので、ちょっとしたやりとりを通して、大げさに言えば、起死回生の大転回を図っていることになります。

　次に②ですが、そもそもあの子たちは褒められる機会が圧倒的に少ない。それでは些細なことでも褒める機会を作ればよいのかというと、そうでもない。他の子も褒められるようなことを褒めてもらえるのなら、子どもも納得なのですが、褒めるハードルを低くして(稚拙なことで)褒めたりすると、ときには褒めたことが歪んだ形、つまり、自分がバカにされたかのように伝わってしまうこともある。これは第Ⅱ部の第二章に書いたとおりです。それに対してこのやり方は、たとえ紙屑をゴミ箱に捨ててもらった、という程度の些細な行動を評価の対象にしていても、ここには「指示を実行してくれた」という事実、すなわち褒められることへの必然性がある。したがって、褒められた効果が子どもに伝わりやすい、というわけです。

　最後に③、つまりコミュニケーション（やりとり）についてですが、実はあの子らは他人にサービスをすることは、基本的に嫌いではないのです。そら、小さな子の面倒を見るのが好きだったりするではないですか。でもねぇ、「ありがた迷惑」という言葉は、多分あの子たちのためにある。つまり〜、支援者が想定していなかった、やってほしくないことをやってしまい、結局小言を言われちゃう。だから他人とのやりとりが快体験につながりにくい。その点このやりかたは、余分なことをする必要がないくらい簡単明瞭なので、指導者の「ありがとう」に辿り着ける可能性が非常に高い。ここが支援ということなのです。

教師　そらね。やっぱり本を読むより分かりやすくなりますね。でも起死回生の大回転ってすごい言い方じゃないですか。

私　いやいや、この表現は大げさでした。でも私が言いたかったことは、そんな大したことではありません。例えばここに「良い子だ」と言われている子と、「悪い子だ」と言われている子がいたとします。でも、朝から晩まで良い子などいない。同じように朝から晩まで悪い子もいないわけです。大切なことは、われわれのお相手には、悪い子だと言われてしまう子が多い。そら、ウソツキ対応でお話ししてますよ、「ウソばかりついていると、悪い人（ドロボウに）なっちゃうよ」とね、このやりとりは典型的だと思います。私たちは子どもと会うときには、「良い子になってほしい」と思って会うのです。でもね「良い子になろう」って指導は変ですよね。あたかも目の前にいる子は「悪い子だ」と言いたいみたいじゃないですか。「それは良い子にしたい」という善意への「とらわれ」から私たちは出発する癖があるということ、そらそら、本書の表題「支援者を呪縛する煩悩」ですよ。そこでこのやり方、そもそも「良い子とか悪い子」を前提にしないやりとりですね。大切なことは、支援者の「ありがとう」に確実に到達しやすいシナリオの上で展開されている。そこで大切なことは、支援者に「ありがとう」と言われた瞬間、支援対象者は紛れもなく「良い子」だということです。お分かりですか。このやり方は、細かい下準備を必要とせず、支援者を呪縛している煩悩から、支援者自身を解放している。だから子どもはそれに反応するように、たとえ瞬間であっても確実に「良い子」の立ち位置に立っている。それの持続性はともかくとして、この瞬間を作ることで、次の可能性が出てくる。だから私は起死回生の大転回と大いに持ち上げているわけです。

教師　なるほど、なるほど、大納得です。そして、その後、小栗さんはとても教師を励ましてくれる一言をおっしゃいますね。

私　へぇ～、何だったっけ？

教師　そらそら、そうやってすっとぼけるのも対話の技術だと、小栗さんどこかに書いてましたよ。あの三羽の鳥の「おまけ」として出てくる鳥の話ですよ。

私　ああ、その話は書いていますが、その「おまけ」という言い方は書いていないと思います。講演ではよく話してますがね。

教師　そうでしたか？　ということは、この本の読者は、初めて書かれた「おまけ」を読む。これってちょっと得するわけですね。

私　まあ、得するか損するかは分からないけど、先生、私の本を読んでいただいてるし、講演も聞いていただいているようで、嬉しいですね。そこまでおっしゃっていただけるのなら、私の話の概要を先生の方で取りまとめてくださいよ。

教師　ほう、テストされる気ですか。概要はこんなだったと思いますよ。日常場面でなかなか関係性を作りにくい（やりとりを作りにくい）生徒に対しては、ちょっとした用事を意図的にお願いする方法で、自然なやりとりの切っ掛けを作ることができます。これは支援なのですが、特定の生徒にこうした支援を行っていると、必ず横槍を入れてくる生徒が出てくる。例えば「先生どうしてあの子にばかり特別なことをするのか」とか、「どうしてあの子ばかりひいきするのか」とかね。そんなことをいう子には、支援が必要な人が多いので、「きみも同じことをしてほしかったらしてあげるよ」と支援の輪の中へ招き入れればよい、というお話ですね。

私　先生すばらしいですよ。そうなんです。この支援に限らず、何か特別なことを特定の生徒にしていると、必ず横槍を入れる子が出てくるものなのです。そんなことを言い出す子は、先生方の気持が全然分かっていない。つまり、コミュニケーション上のトラブルメーカーであることが多いと思います。だって、先生は一生懸命特定の子を支援しているわけです。そこが少しでも分かる子であれば、「おい学校の先生も大変だな」と思うことはあっても、先生が特定の子どもを「ひいき」しているなどとは、まず思わないでしょう。だからそういう子は、支援を待っている人と考え、支援のサークルへ招き入れたくなりますね。これがインクルーシブということだと思いますよ。支援というものは拡げるものであって、狭めるものではないのですからね。

　さて、この横槍を入れてくる人たちのことが、先程先生のおっしゃった、三羽の烏の「おまけ」ということになるのですが、この話はまだ活字になっていないので、この機会にお話ししておきましょう。

3　三羽の鳥が呼び寄せる鳥

私　つまり、先生が一生懸命用を言いつけて支援している人たち、それを見ていると、その人のことが気になって、横槍を入れたくなってしまうような人とは、自分と同じような傾向を持っている人が特別扱いを受けていると、少し嫉妬に近いような感情が沸き起こる人でもあるのです。これはとても面白い心理現象なのですが、この心理現象を発見した人、それはだれあろう、精神分析の創始者フロイト博士なのです。そしてフロイト先生はこの心理現象を「投影」とか、治療場面で起こる場合には「転移」とか「逆転移」と名付け、精神分析学の重要な概念にしました。まあ、そういう難しい言葉を使わなくても、似た者同士は何故か呼び合うということ、これも類似した現象といえそうですね。学校の先生方は、この横槍を迷惑な行動として嫌われることが多いのですが、私は反対に要支援の自己開示として、肯定的に捉えます。だから「あなたも同じことをしたいのなら一緒にやろう」と招き入れるのですが、横槍を入れた人は「そんなことはしてもらわなくてもいい」と断ることが多いのです。そんなことを言うくらいなら、最初から「ひいき」がどうのこうのと勝手なことを言うなと、少し腹が立ちますから、さらに強く引っ張り込もうとするのですが、やはり「今日は忙しい」とか理屈を付けて断ろうとします。忙しいはずなどないのに。とはいうものの、無理強いも禁物ですから、適当なところでピリオドを付けますが、このピリオドの付け方が大切です。「分かった、今日は忙しいのであれば、無理にとは言わないけれど、あなたもやりたくなったら、いつでも私のところへ来たらいいですよ」というピリオドです。

どうですか、これで先生も少しはスッキリすると思いますよ。この本は子ども支援というより、教師支援の本ですから、これも煩悩云々という以前に、先生方自身へのファンタジーマネジメントになると思っています。

さあ、これで三羽の鳥のところはそろそろおしまいですが、こういう用を言いつける支援法はどれくらいやったらよいのか、ということに触れておきましょう。基本的に、「こんな手伝いをしてくれるのは、あなたくらいしかいない」と持ち上げるのですが、そうすると生徒の方から、「他にも手伝ってほしいものがあれば手伝ってやる」とか言い始めることもあるものです（少々生意気ですが可愛いですね）。まあ、さらに何か手伝ってもらっても構いませんが、あまりやりすぎると「どうして自分ばかりに用を言い付けるのだ」と言い始めますから、ご本人が「もう少しやりたい」と思っているうちに「それではまた来週ね」と終えるようにしてください。

そして実施の頻度については、なかなかやりとりが自発しないとか、何もやる気のない子の場合には、三日に一度くらいとか、一週間に一度くらいは、店開きをされてもよいでしょう。この方法は、生徒との情緒的なやりとりを作らないので、基本的に支援場面での安全性は高いと思います。それでは次章では、自然な日常場面というより、指導が必要な状況に立ち至っている子への支援を考えてみましょう。

第四章　指導場面での支援を巡る対話

　ここでの対話は、保育園、幼稚園、小学校、中学校、高等学校、特別支援学校、児童養護施設など、支援環境や校種の違いを越えて出てくる相談事項に基づいている。

　私の専門領域は、思春期や青年期であり、保育園や幼稚園はもちろん、小学校も低学年については専門領域圏外だ。にもかかわらず、その名前があるのは、派遣要請がくるからである。もちろん、まずは「小さな子どもについては素人なので」とお断りする。しかしそれでも依頼されることがあるので、「お役には立てないと思いますよ」と言って出掛けてみると、いる、いる、いる、保育園や幼稚園の園児が、「死ね！」「殺すぞ！」と叫びながら他の子どもを追い回している。一体誰が、あんな悪い言葉を教えたのだろう。あぁ、私の仕事は、当分暇にはなりそうにない。

〈場　所〉　小・中・高・特別支援学校

〈登場人物〉　私

教師（複数）

1　短気なあなたへ

教師　指導が必要な生徒への、言葉のやりとりの実際について、小栗さんと話し合ってみたかったのですが、まず、教師というものは、生徒に伝えるべきことは伝えなくてはなりません。褒めてあげることであれば、「素晴らしい」という褒め言葉で進めればよいのですが、その逆、つまり叱らなくてはならないとき、生徒にどのような言葉で伝えたらよいのか、それを考えてみたかったのです。

私　なるほど。まずは先生に「素晴らしい」とお伝えしたいですね。

教師　えっ、どういうことですか？

私　いえね、こういうご質問の場合、たいていは、生徒を叱らなければならないときの言葉を「教えて」ほしい、とおっしゃることが多いのですが、先生は「考えたい」とおっしゃっています。「教えて」というのは受動的、「考えたい」の方は能動的、雲泥の違いとはこのこと。そこにまずは敬意を表して、「素晴らしい」と申し上げたわけです。

教師　それは光栄の至りです。実は相談に乗っていただきたい生徒は複数いますが、いま私の頭に浮かんでいるのは、私のクラスの男子生徒です。とにかく気が短いというのか、物事が自分の思ったように進まなくなると、すぐに興奮して大声を出し、怒鳴ったり、がなったり、わめいたり、大変です。周りの生徒は、ある意味馴れっこになっているのですが、このままでは、後々大丈夫かと心配になりまして。

私　なるほど、それは大変ですね。ところで、今まではどう対応して来られましたか？

教師　そうですね。ともかく、そんなことではこれからもトラブルが続き、きみも大変だろうから、思ったようにならなかったときにどうすべきか、先生と話し合ってみよう、と指導してきました。その場では「うん」と答えますが、何度も繰り返すので、はたしてどこまで分かっているのやら心配です。

私　なるほど、それはご心配ですね。でも、打っても響かないというのか、この辺りは、先生としても苦しいでしょうね。

教師　全くおっしゃるとおりです。きちんと諭しているつもりですし、生徒も「うん」とか「はい」とか言いながら聞いてくれるのですが、どこか上の空というか、説諭していても、この子本当に聞いてくれているのかと、私の方が不安になり、いけないなあと思いながら、何度も「分かりますか？」と尋ねてしまいます。小栗さんがおっしゃるとおり、苦しいですね。諭していても空しさを感じるというか、こんなのって変ですか？

私　いえいえ、変どころか、先生の言葉を感動しながら聞いていましたよ。繰り返しになりますが、素晴らしいと思いますよ。でも、苦しんでおられる先生には冷たい言い方になって恐縮ですが、先生も気づいておられるとおり、先生の説諭は、この子にあまり響いていないようですね。

教師　やっぱりそうですか。私ってだめですね。

私　いえいえ、とんでもない。先生は教師になるべくして生まれてきたような人だと、私の方が脱帽です。でも、困った、困った、と言っているだけでは解決しないので、もう少し突っ込んで考えてみましょうね。まず、どうして先生の思いが、この子には伝わりにくいのでしょうか。

教師　小栗さんにそう言っていただいて、少し吹っ切れた感じもします。たぶん、私の思いが一人歩きしていて、この子に入り込む隙を与えていなかったのではないかと。

私　ますます脱帽、素晴らしいですよ。先生の思いは決して間違ったものではないのですね。でも、思いとか、善意というものは、強いだけではだめで、相手に伝わるレベルに調整する必要があると思います。

教師　えっ、それってどういう意味ですか？　私にはちょっと……。

私　ああ、ごめんなさい。少し先を急ぎ過ぎたようです。手順を追ってお話ししますね。思いの強すぎる人の論法は、往々こういうものになりがちです。「あなたは、大切なことが分かっていないから教えてあげます。だから聞いていなさい」ってね。でも、こういう論法で通じる人は、ある意味支援のいらない人で、自分で考え、自分で判断し、自分で行動できる人だと思うのです。残念ながら先生のお相手は、おそらくそういう人ではなく、支援を必要とする人ですね。

教師　はあ、少し見えてきました。

私　先生がおっしゃっているとおり、先生の思いは、この子には通じていない可能性があります。少し強い言い方になるのでごめんなさいね。おそらく、先ほどお伝えした「あなたは分かっていないから教えてあげる」というところ、先生はそんな言い方はされていないけれど、どことなくお言葉の中にそういうニュアンスが混じっている。ここがネックになって、言葉の一方通行が起こっているように思うのです。

教師　なるほど、言われてみれば思い当たりますね。教師というものは、ものを教える仕事なので、自分が気づかない間に、どうしてもそういう自己像が身に付いてしまうのかな。これは自分を戒めないと。

私　いえいえ、決してそんなことを申し上げているのではありませんよ。こうお考えになったらいかがでしょう。先生の考えは間違っていないし、教師としての自己像もそれでよいと思います。ただ、この子は先生の思いを受け止めるにはまだ修行が足りない。だから、この子には、少し文脈を変えた方が、先生の気持は伝わりやすくなると思います。

教師　えっ、と言いますと、どのように？

私　例えばこんな具合にです。

「みんながあなたことを、あいつは気が短い奴だと言っているけれど、先生が思うに、あなたは嫌なことがあると、すぐに大きな声を出しているのではなく、けっこう我慢しているときがあると思うけど、違いますか」

先ほどの先生からのメッセージとの違い、分かりますか。先生からのメッセージでは、「我慢できるようにするためには」という文脈で、暗に「我慢できていない」ことが伝わりやすい構造になっていますね。それが、私の例示した文脈だと、「けっこう我慢しているときもある」という伝わり方を工夫しているわけです。そしてこれはウソではないですよ。彼らでも、嫌なことや予定と違うことが起こったとしても、まさかワン・ショット・ライターのように火がついてしまうわけではないし、我慢もしているのが普通です。もちろん我慢の力が年齢に期待される水準ではないという事実はあると思いますが、それには、例えば感情面の不安定さとか、衝動性の高さとか、ストレスの問題とか、いろいろな要因が絡んでいるわけです。ですから、「それではダメだから」を強調するより、「我慢できている」ことを強調した方が、うんと教育的だと思いますがいかがでしょう。

教師　う〜ん、納得しました。このやり方練習してみたいと思います。何だかすごく肩の荷が下りたような気になりました。こういうの、小栗さんがいうファンタジーマネジメント、思い込みからの解放というのですかね。

私　いえいえ、本書では「煩悩」からの解放ですよ（笑）。

2　他者批判

教師　以前から相談したいと思っていたことがあったのですが、よろしいでしょうか。それは生徒の他者批判への対応です。私たちでも、他者を批判することは、それなりに相手との関係を怪しくするので、慎重になるのですが、一部の人は、悪いのは全部他人で、自分は悪くないと言い張ります。それも自分ができていないことで他者批判するので、よけいに状況が険しいものになってしまいます。「きみは、そんなことを他人に言える立場ですか」と指導するのですが、全く分かってくれません。どうしたものでしょうか。

私　一度に息せき切っておっしゃるのですから相当にお困りですね。お疲れ様です。ところでその子は、朝から晩までそんな調子なのですか？

教師　いえいえ、決してそんなではありません。調子のよいときには、けっこう周囲を盛り上げたりするムードメーカーなのですが、少し思ったようにならなくなると豹変します。しかも、そのときの他者批判は、相手をボロクソにけなします。特に相手に非があるような場面だと勢い付き、古い言葉で恐縮ですが、「きみには武士の情けというものはないのか」と言いたくなるくらい、相手をけちょんけちょんに叩きのめします。ところが、完膚なきまでに相手を批判しておきながら、翌日になるとケロリとして、何事もなかったかのように相手と接するものですから、本人はともかく、相手は納得できません。そのため、それがまたトラブルの原因になるという具合です。

私　なるほど、なるほど、それは大変ですね。情報量豊かに語っていただきましたが、少し整理しましょう。先生の困っておられることは、他者批判の目立つ生徒のことを主訴としながら、それにいろいろ大切な課題が合併しています。大きく分けてみると、①他者批判がひどい。②その他者批判は常態的な問題ではなく、思ったようにならない状況で表出しやすい。③相手に非がありそうなときには完膚なきまでに相手を批判する。④しかし、翌日になるとケロリするので、批判された相手の不快感を刺激するが、本人はそのことに無頓着である。こんなところですか？

教師　まとめていただいて、ありがとうございます。これって、どれを取っても自己中心的だということですね。それがこの人の本態にあるということでしょうか。

私　たしかに、先生のおっしゃるとおり、一口で言えば、自己中心性がこの人の問題でしょうね。でもそれで片付けていては、取り付く島もないというやつで、指導にも教育にもなりません。このひどい他者批判、先生は今までどう対処してこられましたか？

教師　むずかしいですね。型どおりに「きみも完全無欠ではないのだから、一方的に他人を批判するのはやめなさい」くらいですか。

私　なるほど、本来はそう指導すべきでしょうね。でも、それでこの生徒が、「そう言われればそうだ」と思ってくれるとしたら、この生徒は多分支援のいらない人ですよ。なぜなら、それの分かる人であれば、そもそもこんな他者批判などしない訳ですから。

　それに、こういう生徒の他者批判には、面白い特徴があります。それは、その人が言うから問題になるだけで、実は間違った主張ではない場合が多いのです。したがって私はこう伝えるようにしています。「きみの言う、そうした自己中心性が、みんなの迷惑になっていることが分かっているきみはすごいね」と。

教師　う～ん。これは使えるかも。逆転の発想ですね。

私　いや、それだけではありませんよ。この人自身が、自己中心的な言動で周囲に迷惑を掛けているわけです。でもそれは一旦横に退け、そうしたことが「みんなの迷惑になっていることを」分かっているきみはすごいとやっている。これは何を目指しているのかというと、他者批判（他者認知）を自己理解（自己認知）へ切り替える、舵取りハンドルを切っているということなのです。

　でもそれだけでやめると、自分が褒められたことに妙な自信を持ち、そのことでのぼせ上がる生徒もいるものです。したがって、「こういう言い方をすると、自分が褒められたことにのぼせ上がってしまう人もいるのですが、あなたはそのあたりの自制ができる人だと思ってお伝えしたのですよ」と、釘を一本刺すのを忘れないようにしてください。

　なお、この人にはまだ触れていない課題がありますね。さきほど指摘した③完膚なきまでに相手を批判してしまうことや、④自分だけがケロリとして、相手にさらなる不快感を残してしまうことです。これは明らかにコミュニケーション上の課題になるものですが、幸いなことに、この生徒は、朝から晩までそうなってしまう人ではなく、何か思い通りにならなくなったときに、周囲との関係が上から目線になってしまう人である可能性があります。こういう人は、思ったようにならなくなったとき、ぜひ先生のような人が介入していただき、この生徒の言いたいことを周囲に伝える、あるいは周囲の生徒の言いたいことをこの生徒に伝える、要するに外国語の通訳のような役割を担っていただけると、危なくなりかけたコミュニケーションを修復できる可能性が高まるので、ぜひ頑張ってください。

教師　なるほど、今までこうした生徒は自己中心的という視点だけで捉えてきたように思います。今日は生徒指導上の知恵というか、いろいろな視点を披露していただき、自分の生徒観を変える切っ掛けを作っていただいたような気がします。他の教師にも広げて行くように頑張ってみます。

私　こちらこそありがとうございました。先生方の生徒観を拡げることに、少しでもお役に立てたとすれば嬉しい限りです。今後ともどうぞよろしくお願いします。

3　カタルシスの彼岸

さて、本章で述べようとしたことはこの辺りにして、次章での不登校や、最終章で扱う保護者支援へ移りたいところであるが、本章で述べた他者批判について若干の補足を加えておく。これは要するに他人への「悪口」である。そこで一言申し上げたい。われわれは、というより、人間は、基本的に他人の悪口が好きである。例えば私のような仕事をしていると、人間観察という、あまり褒められない趣味を持つような人が出てくる。かくいう私もその一人、ヒューマンウオッチングは密かな悪趣味になっている。そしてこの趣味には格好の狩場がある。それは居酒屋だ。最近はコロナ禍、居酒屋が例年よりしょんぼりした雰囲気なのが寂しい。それでも居酒屋へ行くと、面白い人間行動が観察できる。それが他者批判、すなわち他人の悪口なのだ。

さて居酒屋で交わされる会話、これは半分くらいまでは他者批判（他人の悪口）である。論より証拠。居酒屋へ行けばすぐに耳へ飛び込んでくるだろう。「あの係長は怪しからん」「そうだよく言った」というたぐいの悪口。われわれはどうして、かくも他人の悪口が好きなのだろう。それはスッキリするからだ。胸の内か腹の内かは知らないが、溜まっていたモヤモヤを吐き出してスッキリすること、これはカタルシスと呼ばれ、ギリシャ時代から分かっていた心理現象である。

ところが、数は少ないが、このカタルシス効果が起こりにくい人がいる。つまり悪口を言ってスッキリするどころか、さらに気分が悪くなってしまう人の存在である。これも居酒屋へ人間観察に出かけるとときどきお目に掛かる現象である。つまり我々は他人の悪口が好きだから、ついつい言ってしまう。しかも大声で。居酒屋会話のボルテージの高さは、皆さんご存知のとおり、いったいどれくらいやかましいのか、携帯電話に入っていた何デシベルかを測定するソフトで測ってみた。何と飛行場の滑走路から離陸するジャンボ機の騒音を聞いているのと同じくらいの音量であった。これだけの大声を出すのだから、それだけでスッキリするのに納得もした。しかし、それだけではなかった。居酒屋の中ではスッキリした感じであったが、店を出たとたんに気分が悪くなって、となりのスナックの看板を蹴飛ばす人に少なからず遭遇した。

さて、学校でも同じこと、実は教師も生徒も、他人の悪口は好きなのだ。ここで取り上げた他者批判はそれの後押しを受けている。もちろん、自分が攻撃される不安を抱える人は、先に他人を攻撃することで自己防衛を図るという防衛機制もあるのだが、そういう複雑な人間行動のメカニズムより、人間の本性としての「悪口」の方がエネルギーは強そうである。ただし、ここで取り上げた他者批判をする生徒だが、あれで彼らはスッキリするのだろうか。否、違う。彼らは他人の悪口を言ってスッキリするカタルシスの効果は弱く、むしろ他人の悪口を言えば言うほど気分を悪くしてしまう人が多いように思う。なぜなら、彼らには支援が必要な人が多いからである。往々にして支援が必要な人のカタルシスの効果は弱い。考えてもいただきたい、嫌な思い出が浮かぶとフラッシュバックを起こすような人なのだから。したがって、そういう人が言う他人の悪口をそのまま放置してしまうことは、支援者としていかがなものかと思う。また、あの生徒たちの情け容赦のない他者批判は決して許されるものではないことも確かである。ぜひ「そういう悪口を言っても君自身がスッキリするとは思われない。そのことは君自身が一番よく分かっていることだと思うので、それで困るようなことがあれば何でも相談してほしい」という程度の投げかけは行ってもよいと思う。本当のことを言えば、あの人たちはそのあたりの気づきが全くできていないことが多い。そこを「分かっている」という前提を作ってあげることも立派な支援であり、悪口雑言を少しでも緩和する機会を作ってやるようにしたい。これは、自分への気づき（自己理解）への小さな出発点になると私は思っていることをお伝えして、本章のまとめとしたい。

第五章　不登校の心を巡る対話

小学校、中学校、高等学校、どこを巡回しても、不登校の相談が出てこない学校は皆無である。本章の本文へ入る前に、まずは次の【解説と応用】をお読みいただきたい。

【解説と応用】

不登校は日本の高度成長期から始まった。

最初は、精神的な病気と捉えられ、学校恐怖症という名前がついた。しかし、精神科医は、すぐに精神科的な恐怖症とは様相が異なることに気づく。そこで登校拒否症という名前が用いられるようになった。しかし、登校を拒否しているわけではないのに、学校へ行けない（行かない）子どももいることが分かってきた。そこで不登校という名称が登場する。この名称は、この現象を「学校の課題」として捉えるものでもあった。その途端、学校では不登校の子どもを、学校不適応と呼ぶようになり、心理的な側面を重視して、学校カウンセラーが配置されるようになった。しかし、何をやっても不登校は減らなかった。その後、不登校対応は混迷し、苦し紛れの時代が始まった。誰でも不登校になり得るという言葉まで登場した（これは、まさに苦し紛れ）。みんなちがって、みんないい、という詩人の言葉も引用された。しかし不登校は減らなかった。

突然、発達障害という言葉が飛び出した。困ったことに半分くらい当たっていた。そのため、不登校が発達障害のせいにされかけた時期もあった。とはいえ、発達障害は不登校対応に、一つの功績を残した。それは、不登校は心の問題だとする呪縛から、教育や心の課題に対処する実務家を解放したことである。

さて、この経過の中で、ときどき顔を出しながら、ずっと不登校対応の中心街を歩かせてもらえなかった言葉がある。それは「社会的現象」という言葉だ。たしかに、不登校に心の問題が介在しているのは、紛れもない事実であるが、それは、おそらく先行要因としての介在ではない。それでは先行要因は何か。私たちが経済原理を優先し、世の中の時間の流れを早くし、物の感じ方や考え方、それの柔軟性や流暢性という側面に、特有の不器用さを持つ人が、住みにくい社会を作ってしまったこと。しかも、その過程で、学校以外のところに、子どもたちの居場所を、見事なほど消し去ってしまったこと。その結果、学校は、子どもたちの全てを抱え込まねばならなくなったこと。おそらく、それが不登校の先行要因であり、必然的な出来事として、不登校という社会的現象の背中を押している。もう一度繰り返すが、不登校の心の課題は確実にある。しかしそれは、おそらく社会的現象として起こっている不登校の、引き立て役のようなものである。要するに、後追い要因（後発要因）として、不登校に彩を添えているもののように私には見える。だから、後発要因としての心の問題にいくら焦点を当て、そこへのアプローチをいくら試みても、不登校は理論的に減りそうにない。私はこうした不登校の絵を描いてきたが、その絵を眺めながら、いつも以下のように考える。

　私たちは、社会的現象として不登校を増やし続けている。この流れを本気で断とうとするなら、おそらく日本社会の構造を変えるべきだろう。そして、そこに住んでいる人、一人ひとりに光が当たる世の中になれば、「みんなちがって、みんないい」という詩人の美しい言葉が体現される世の中になるだろう。しかしながら、現実はなかなか……。

　いずれにしても、社会的現象というものは、私たちの前に立ちはだかる巨大な怪物だと思う。しかし、だからといって、これを「したりがお」で評論しているだけでは、あまりにも無為無策、というより、それに甘んじることは癪に障る。不登校にかかわる人が、自分のできることを持ち寄って連携すれば、何かの波紋を起こせるのではないか。以下に示すのは、そのために行った、教師と私との対話集である。ここのところを子どもの心として、しっかり受け止めてほしい。そうすると不登校の子どもの心に、小さな微笑みが起こるかもしれない。

＊以下の記述は体系化されたものではないので順不同である。

1　八方塞がり

教師　小栗さん、不登校の子が不安に感じるもので、一つ選ぶなら何ですか？

私　そういう聞き方をされると、かえってむずかしいですね。う〜ん。普通ということでしょうか。僕らはルーチンなことって、何も考えずにできるから好きですが、あの子ら、そこが少し違います。今日一日何をしたか、思い出せないのが不安になってくる。私たちは、そんなことはほぼ考えないし、そもそもそんなことを考えている暇がない。反対にあの子ら、特別な日はけっこう好きですよ。先生どう思う？

教師　なるほど、なるほど。たしかにそうですね。あの子ら、コーラス大会には出てくるけど、コーラスの練習には出てこない。

私　特別な日は、記憶にも残るし、何かやった感も強い。だけど、特別な状況って、いわばアクション映画の世界みたいなもので、刺激価は高いけど、そればかりだと疲れるてくる。そこをあの子ら分かっていない。だから、特別な日の疲れやすさには、案外無頓着です。まあしかし、目新しい誘因、珍しい刺激には引かれる。だからといって、毎日クラスメイトの誕生日を並べるわけにもいきません。例えば明日から、教科書が第一章から第二章へ移る、こういうのは、多少は登校行動を促す刺激になるのかもしれない。でも、困ったことに、あの子たち八方塞がりになりやすいのです。

教師　八方塞がり？

私　はい、特別でないものにも、特別なものにも疲れる。注目されるのは不安、注目されないのも不安、ああアンビバレントってやつ。これは典型的な不登校の心の有り様で、ここは受容してあげたいところです。不登校にはこの種の特徴的な感受性が似合いますよ。

教師　う～ん。小栗さんはどう受容してますか？

私　それこそ、う～ん、ですね。まともに受容すると、悲しみをプレゼントすることになって気の毒だから、よくこんな言い方をする。「う～ん。きみたちのことを、小さな哲学者と呼ぶ専門家もいるけど、本当だね。でも悩むことは悪いことではないよ。今度哲学物語をしようか」とね。

教師　うん。これぞ小栗さんの教科書によく出てくる「的外し」ですね。

私　バレタカ（笑）。でもこれは「的外し」と言うより肯定的フィードバックですね。

2　バンドエイド・マジック

私　あの子ら、他人の視線が気になります。あの子らをじろじろ見つめるような暇人などいないのに。でも、じろじろ見つめられるのならまだ楽かもしれません。他人の目線の先が具体的に分かるから。でも、よく話を聞いてみると、あの子らの視線恐怖は、どこを見られているのか分からない、だけど見られている、という不安、それによって、さらに煽られているようです。

教師　それは私も感じるときがあります。でもどうしたら良いのでしょう。

私　おまじないをしてあげたらどう？

教師　えっ、何のことですか？

私　バンドエイドを一枚取り出して、「おまじないしてあげる」とか言って、左手薬指に貼ってあげる。クラスメイトがどうしたのかと聞いてきたら、「指を紙で切った」とでも答えておけば大丈夫だよと伝える。これって意外に楽になりますよ。うまく使えば、保健室の先生のお仕事になるかもね。

教師　なぜ～？　なぜ～？

私　人の視線って、普段と違うところに向きやすいから、相手がどこを見ているのか分からない状態より、相手が目線を向けやすくなる「お飾り」を作ってあげた方が少し楽になる。

教師　本当ですか？　怪しいなあ。

私　相手が見るか、見ないか、そんなことは大した問題ではなく、登校しぶりをしやすい子が、いつもと違うことをしてもらった、と思えるところに意味があります。

教師　本当に効くかなぁ。

私　効くか、効かないか、そんなことも大した問題ではないですよ。効かなくても大したことにはなりませんから。でも、不登校の子どもは喜ぶことが多いです。

教師　へえ～、一度試してみます。でも、どうして左手薬指なのですか？

私　それは左手の薬指だからです。ここから先まで説明するのは野暮ですよ。子どもが望むようなら、ほっぺとかおでこに貼ってあげてもいいかも。

教師　わけわからん。

3 ヒューマン・エラー

教師 小栗さん、教室には入れないと決めつけている不登校の子が、ひょっこり学校へ出てくることがあります。そういうときの、教師の心構えのようなものがあればお聞きしたいのですが。

私 そういうことってありますよね。なぜひょっこり出てくるのか、先生方が気づいておられる理由のようなものはありますか？

教師 そこが分かりにくいですね。反対に、前日の夜、本人が「明日は登校する」と言い出し、翌日の時間割を見て、教科書をカバンに入れて用意していたのに、翌朝になったらコロリと気が変わって、学校へ行けなくなった、という話もあります。でも、その理由は、いま一つはっきりしないことが多いですね。

私 人の行動なんてそんなものですよ。すべて合目的に説明できるわけではないのです。そもそも、仮に不登校が理路整然とした理由で起こるものであれば、不登校問題は、とうの昔に片付いているはずですからね。

教師 何だかますます分かりにくくなった〜。いったい、あの思いついたように登校してくる姿は、何なのでしょう。

私　あれはねぇ、あの子らも立派な人間だということです。（その心は）たとえみんなの目が冷たいから学校へは行かない（行けない）ことに決めた、と言ってる不登校の子でも、ロボットではないので、たまにはエラーを起こして、決めつけと矛盾する行動を示すことだってある。その背景に、学校へは行かねばならない、という良心の呵責があるのだろう、と思うのは、ちょっと出来過ぎた考え方かな。でも本当にあの子ら、現象学的というか、詩的というか、私は不登校の子の、そんなところが好きです。

　そこで一番肝心なことを。それが行動エラーであろうが、なかろうが、不登校であった子どもが、学校へ出てきたという事実がある、ということです。教師としては、その千載一週の機会を無駄にすべきではない、ということですね。

教師　う～ん。不登校だった子どもが、何かの間違い（エラー）で登校して来た。この言い方は、今まであまり聞いたことのない考え方ですが、理由はともあれ、子どもは学校へ出て来た。教師としては、その千載一週の機会を逃すべきではない。ここの部分に関しては、分かりやすくなってきましたよ。

私　それは良かったです。そこで学校の先生がやってしまうことは、それは教師として嬉しい出来事なので、例えば「小栗くんなら来てくれると思ったよ」と、情緒的密度を高めやすいことです。その気持ちはよく分かりますが、ここで情緒的密度を高め過ぎると、あの子らは、それに息苦しさを感じて、自分が不登校であることを思い出す。そうするとまた来なくなる、という悪循環が起こります。ここは、今まで不登校だったという前歴にとらわれず、「そこに落ちている紙屑拾ってゴミ箱へ捨ててきて」とか、「机を運ぶのを手伝って」とか、第三章の1で述べたようなやり方を活用していただくことから始めた方が、不登校対応としては無難。私は、このときこそ、不登校の子をニッコリして見詰めます。そして深追いをせず、視線を外して「ようし、それでは今話していた関係代名詞だけど」と先生のお仕事を。休み時間になったら、「さっきはありがとう」くらいは大丈夫。こうした、さりげない対話から不登校対応のお仕事は始まります。

4　恋愛談義

私　あの子らと話していると、ときどき、真面目な顔をして、彼女や彼氏がほしいと言い出すことがあります。先生方は経験されたことはありますか？

教師　あります、あります。少し打ち解けてくると、ひょっこり出てきたりしますよ。

私　あれって、どう思われますか。

教師　まあ、出てくるとしたら教育相談の中かなあ。でも、教育相談だから、別に何を話してくれてもよいのですが。打ち解けてきたことが分かって、嬉しくも思いますね。

私　まあ、そうですね。何を話しても自由ですよね。私はこの話をスクールカウンセラー（以下、ＳＣと略称）ともすることがあるのですが、ＳＣさんも、いま先生がお答えになったようなことを言いますね。でもねえ、そもそも、この話題、いくら相手が教師であっても、ＳＣさんであっても、子どもが大人に向かってする話でしょうか？　まして相談するような話題でしょうか？

教師　えっ、うっ、うっ、今までそんなことは考えずに応じていました。ちょっと待ってください。う～ん。

私　別に待たなくてもいいですよ。この手の話、いったい誰とする話ですか？　先生方なら誰と話しますか？　ＳＣさんとする話ですか？

教師　う～ん。今まで全然考えていませんでした。でも、答えははっきり言えますよ。たとえ相手が教師であっても、ＳＣであっても、大人にする話ではなく、友だちと盛り上がる話です。

私　ピンポーン、ああ疲れた。そういう話題なのです。誤解されないように、カウンセリングの場面ではしてはいけない話だ！　そんなバカなことを申し上げるつもりは全くありません。でも、最初の段階で、私が言おうとしていることが、先生方に伝わりにくかった。つまり、この手の話は、まずは友だちとすることであって、たとえ相談の場面であっても、大人相手に持ち出す話題ではない。でも、先生方、こんなに当たり前のところが、少し時間を置かないとピンとこなかったでしょう。そこに靄がかかった状態になっていた。これが煩悩の正体です。お分かりでしょうか。私なら、不登校の子どもが面接場面で、恋人がほしい、という話をし始めた瞬間に、「これはけっこう大変な子どもだぞ」と覚悟します。なぜって、私の目の前に座っている人には、青春がないのかもしれない。そして不登校の生徒には、そういう人が少なくないのです。

教師　なるほど〜。言われてみれば、そういうことですね。う〜ん、青春かぁ、たしかにね。それで、私たちにできることは、何でしょうか。

私　いやだなぁ。分かっているくせに。

教師　もしかして、コイバナの相手ですか。

私　すごいなぁ、分かってきたじゃないですか。恋愛とか性の話、本当は友だちとしてもらいたいのですが、あの子ら任せでは多分無理でしょう。だけどねえ、こういう話は学校にいる間にしておかないと、卒業してからはまずできない。もちろん、学校のうちから友だちとそういう話ができる人は、学校を卒業しようが、大人になろうが大丈夫です。でも、今日ここで取り上げているような子、大人になってからの恋愛談義は、よけいにむずかしくなると思います。だから、教師との対話の中で、恋愛談義へのリクエストがあるようなら、ぜひとも対応してあげたいと私は思います。なぜなら、この機会を逃したら、あの子らには、二度とそういう機会は巡ってこない可能性もありますからね。

教師　なるほどね。私たちにも見えてきました。その際の留意点とかありますか?

私　そうですね、いろいろありますよ。まず恋愛を通しての対話になるので、男性と女性の性差が反映されます。大体において、男性の恋愛話には性衝動が反映され、女性のそれには、ストーリー性が反映されるものです。早い話が、男性の場合にはわい談になりやすく、女性の場合にはコイバナになりやすいということです。ただし、不登校の子どもは、男性も女性も、性的関心は内向化する傾向があり、また、性に関しても、今まで述べてきた不登校の心が反映されますので、ここまでの話の中には、いろいろなヒントが隠されていると思います。

教師　実は、不登校の人の恋愛という側面は、今まであまり考えていなかったところなので、新しい視点を頂戴したような気がします。考えてみれば大切な課題なので、今後じっくり取り組んでみたいと思いました。

私　ありがとうございます。たしかに新しい領域だと思います。しかも、とても大切な領域だと思います。考えてもみてください。学校に青春のある子どもは不登校になりにくいし、学校に一人でも好きな先生がいる子どもは不登校になりませんね。恋愛に限らず、人を好きになることは、だれにとっても大切な課題だと思いますが、いかがでしょう。実はこの本の出版と前後して、性の本が出版されますので、ご笑覧いただければありがたく存じます。ここで述べた話題にも触れていますからね。

＊小栗正幸・國分聡子著『性の教育ユニバーサルデザイン―配慮を必要とする人への支援と対応―』金剛出版、二〇二一年一月末出版予定

第六章 保護者支援を巡る対話

　私の、保護者支援が絡む支援者への支援歴は長い。考えてみれば、子どもの数だけ保護者はおみえだ。だから、保護者支援は、この仕事には否応なしの付き物である。特に支援対象者が年少児童になるほど、保護者支援の必要性は年長者への支援とは比較にならないほど広くて深くなる。それは保護者を支援する支援者への支援でも同じことである。そこで本章のテーマは、そうした保護者を支援する、支援者への支援である。

　さて、私の専門領域は思春期から青年期にかけての逸脱行動である。それに、ときどき年少児童への相談が舞い込むようになった。小さな子どもは専門ではないからと、一旦はお断りするが、ぜひにと、重ねて来訪を要請されることもある。そこで、お役には立てないかもしれませんよと、一言断ってから、保育園や幼稚園を訪れる。そうすると、「死ね」「殺すぞ」とわめきながら、他の児童を追いかけ、廊下を走り回っている子どもがいることは第四章でも述べた。ここでは、そうした状況を支援しておられる、支援者への支援について述べる。

【解説と応用】

ここでは、子どもの年齢を、小さめの子（幼児～小4くらい）、大きめの子（小5～中学生くらい）、に分け、私と支援者との間で交わされる対話が綿々と続く。その中で、使えるところを使っていただければありがたい。

1　小さめの子（幼児～小4くらい）

〈場　所〉保育園・幼稚園・小学校
〈登場人物〉私
保育士・幼稚園・小学校教諭

⑴目のつけどころ

教師　小栗さん。まず、保護者支援の目のつけどころについて、どうお考えですか？　まずはその辺りからうかがいたいと思いますが。

私　最初からインタビュー調ですね。でも、それってとても大切ことだと思いますし、その点に関して、私には一家言があるのです

教師　ほう、それはどんなことですか？

私　それは保護者同士の子育て仲間はいますか？　ということです。これはとても大切なことで、子育てが順調に進んでいるときならともかく、少し思うに任せない状態になったとき、一人で考えていても、ろくな考えは浮かばないからです。

教師　なるほど、なるほど、ぜひその続きを聞かせてください。でも、たしかに子育て仲間がいるということは素晴らしいことだと思うのですが、仲間を作れない保護者もおみえですね。そういう方をどう支援するか、支援者には、その点での悩みを抱えている人も多いのですが……。

私　うん、たしかにね。でも、支援には鉄則のようなものがあって、「たとえ必要なアプローチであったとしても、いまそれの導入を試みることが困難な場合には、いまはそのアプローチを求めない」、つまり、「ないものねだりはやめましょう」ということですよ。たしかに仲間を作れない保護者はおみえです。しかし、そのために先生方がおみえになる、と考えれば当面は大丈夫ですよ。ずばりと言いますよ、仲間を作れない保護者に、仲間を

作れるようにするアプローチは、もしかすると子どもへのアプローチより手間がかかることもある。だから、この場はぜひとも先生方に一肌脱いでいただきたい。そういうのでダメですか？

教師　う〜ん。うまいこと的を外された感が残るけど、よく考えてみれば、そういうことですね。われわれがやるしかない、ということですね。

私　そこまで切羽詰まらないようにしてほしいですね。そもそも、保護者のお仲間で知恵を絞っても、先生方が知恵を絞っても、やることは一緒、後で考えれば当たり前のことをすることになりますからね。この領域、奇妙奇天烈な方法論は役に立ちませんからね。

教師　う〜ん。ユニバーサルデザインで考えなさいということですか？

私　そのとおりです。先生方はそのスペシャリストだから、この航海は成功したも同然ですね。

教師　すごい皮肉！　それでは私たちからも小栗さんへ意地悪な質問を一つ。本日の私たちの対話、ここで語られる保護者支援のユニバーサルデザイン、一言でいえば如何に。

私　禅問答みたい。でも意地悪な質問ではないですよ。「知らない振りして先回り、子どもと出会って、子どもがニコ」ですね。これ、ある保護者から教えてもらったやり方です。

教師　おもしろそう。

⑵上の子と下の子

教師　これは年少児童の保護者からよく出てくる質問です。兄弟あるいは姉妹で、どちらか片方に手がかかると、手のかからない方がかまってもらえない、そうするとかまってもらえない方が、欲求不満を起こして、ややこしくなる。普遍的なお悩みのようですが、なかなか支援の決定打が見つからないのです。保護者もいろいろ試みられるのだけど、うまくいかない。例えば、あなたは上だからとか、下だからとか、観念的に説明しても、なかなか分かってくれない、とかいう相談がけっこう出て来ます。それと、お母さんが子どもをハグされる。同じようにハグするよう配慮してみえるのに、子どもの方は、兄弟・姉妹の片方を捉えて、「○○ちゃんばかり、いいなあ」と苦情を言うとか、子育ての悩みは尽きませんね、というお話ですが……。

私　う～ん、いっぱいあるものですね。それでは、手続きが簡単で、保護者も納得されることの多い、ハグ・ハグ・マネジメントから。私はよくこんなアドバイスをしています。「兄弟でも姉妹でもいいですが、ハグするときは、お二人一緒にハグしてあげたらどうですか。省エネになるし、お二人の一体感や密着感も高まるし、よいところが多いと思いますよ」これでたいてい納得して帰られます。

少し手続きが複雑なのは前者。まず、手のかかる方が上で、手がかからず、かまってもらえないので、欲求不満気味なのが下の子だとします。そうしたときには、まず下の子と「秘密のデート」を。買い物でも喫茶店でもかまいません。そうすると、あの子ら黙っているスキルが弱いから、下の子が上の子に、お母さんと買い物に行ったとかバラします。そうすると立場が逆転、今度は上の子が「下ばかり」と苦情を言う公算が強いから、上下一緒に買い物とか喫茶店へ。様子を見て欲求不満の方と秘密のデートを。片方にバレたら一緒に買い物へ、少し繰り返しているうちに平和になることが多いですよ。例えば、立場が逆転してもどちらかが苦情を言わなければ、その子の方が社会的成熟度はおそらく高いので、少し褒めてあげましょう。要は、やりとりを作って平和を維持する方法です。

(3)子どもの遊び相手になれない

教師　お母さんが、子どもの家の中でのプロレスごっこに閉口しています。かといって外へ連れ出そうとしても、体育館のようなところは子どもが嫌がって行きません。何かよいアドバイスはないでしょうか。

私　家の中でのプロレスごっこは私も賛成できませんね。第一危ないし。お勧めなのは、公園等で（二人で）できるサッカーのボール蹴りとか、バドミントンですが、こんなときこそ、ママ友と子どもを集めて、みんなでやるサッカーやバドミントンは楽しくなります。

子どもが遊んでいる間、保護者は一緒に参加する必要はないので、ママ友同士の雑談はできるし、こちらの方が断然疲れませんよ。

⑷給食を食べる不安と登校しぶり

教師 子どもさんに、給食に食べられないものが出るのではないかという不安があり、そんなこともあって、登校しぶりの訴えもあります。私から保護者へアドバイスするとしたら、どんな言い方がよいでしょうか。

私 何だか、偏食の亜型みたいな感じですね。まあ、給食に対しては偏食対応で行けそうな気がしますから、次のやり方をクラス担任と連携してやってみるようアドバイスしてください。まず、給食は無理に食べる必要はない。アンパン持参で十分。好きなメニューのときにはアンパンを食べずに給食を食べればよいと思います。こうアドバイスをすると真面目なクラス担任の先生がいて、「そんなことをすると、みんなが同じ要求をし始めて、給食指導ができなくなるのでは」と不安がられる場合がありますが、それがあっても、せいぜい、その子とよく似た傾向のある子二、三人で収まると思います。無理矢理食べさせて不登校にさせるより、うんとましですし、その子のまわりにいる不登校候補生のような子の不登校も予防できるかもしれません。このやり方をしばらく（数週間）続けると、知らないうちに食べるようになっている場合もあります。子どもも成長しますからね。要は「こだわりにこだわらない」というやり方の一つでもあるのです。

さて、次に登校しぶりの方です。これもクラス担任との連携が必要になりますが、月に一回のリフレッシュ休暇制の導入を。リフレッシュ休暇については、子どもさんと保護者、クラス担任の三者で、休暇制度についての会議の機会を設け、ルールを定めます。基本的には「事前申し出制」であることと、「熱がなければ、翌日は元気に登校する」の二点。会議後はルールに関する議事録を作成し、子ども、保護者、クラス担任の署名捺印を。校長先生に保証人になっていただければ、さらに強力になる。契約は継続も解除も毎月一回の会議でとり決めます。会議の議事録は複写をとり、クラス担任の割り印によって原本証明を施し、子ども、保護者、クラス担任が個人保管します。このやり方は「行動契約」という行動科学に則る方法で、ルールを決めずにズルズルやるより効果的です。

2　大きめの子（小4～中学生くらい）

〈場　所〉小学校・中学校
〈登場人物〉私

小学校・中学校教諭

⑴不機嫌対応

教師　お母さんからの相談です。家の中でやりたいことができないと、泣いたり、落ち込んだり、口答えをしたりするので困っておられます。何かアドバイスをお願いします。

私　不機嫌なときに叱責したり説諭したりしても逆効果になります。例えば、ぬいぐるみのコアラちゃん、ギュッと抱っこしてあげて、というやり方を使ってみえた保護者さんがいました。良い方法だと思います。私だったらそれプラス、冷蔵庫の中の製氷機にある氷を一個持ってきて、はいどうぞと、お口へ入れてあげる。この二つの相乗効果はかなり高いと思います。ふわふわのぬいぐるみと冷たい氷が頭を冷やす。ぬいぐるみの方は、何度も使う間に、おまじないのような効力を持ってくる場合があって、面白いですよ。

⑵無視と無反応

教師　保護者が困っておられます。反抗期に入ったのか、普通の声で話しかけても無視したり、無反応になったりするので、保護者の方が興奮して大声になり、命令口調になってしまいます。これはまずいなと思っておられるようなので、アドバイスをお願いします。

私　はっきり言えることは、保護者が大声を出すと、子どもは拒絶的になります。この保護者はそれが分かっている人なので苦しいですね。ぜひ先生の方から保護者にアドバイスをしてあげてください。「指示命令は小声が似合います」とね。小さな声で「あのね」とささやくと、子どもは耳を傾けます。ただし、耳元でささやくのは、息がかかったりするのを、うるさく感じる子もいるのでやめてください。耳元でささやいて相手が喜ぶのは恋人同士くらいのものです。このご質問には、後にもっと具体的に答えていますからご参照ください。

⑶ 適当という概念

教師　適当ということが分からず、子どもが混乱しています。適当なところで、ということも分からず、何事にもやたら時間がかかります。適当という概念の伝え方を教えてください。という相談を保護者からいただいたのですが、実は私自身が、クラスに同じような子がいて困っています。どうしたものでしょう。

私　先生もそこですか。実は私も以前「適当」の教え方が分からず、困っていた時期がありました。先生の悩みを聞き、おう、戦友がここにもいた、と嬉しくなりました。実は今から申し上げるやり方は、私が考えたものではありません。以前、ある保護者に教えていただきました。私の場合、それですべてが氷解しましたが、保護者は偉大ですよ。それを先生にも伝授します。

よろしいですか。すべては、台所やお買い物のお手伝いから始まります。子どもに台所でニンジンを二センチ角に切ってもらいます。適当に切らないように、定規で寸法を測りながら、確実に二センチ角に切ります。子どもが嫌がらなければ他の台所のお手伝いにも適用します。また、子どもと牛乳やヨーグルトを買いに行きます。そのとき、一パックの成分と、容量と、値段を見て、一番お買い得な品物を子どもに選ばせます。そうしたことを三週間ほど続けますと、子どもは面倒になって、測ったり、値踏みしたりせずに、ニンジンを切り、買い物をするようになります。それが適当ということです。

なお、けっこう頑固な子どももいますが、子どもが嫌がらなければ、この方法はしばらく続けても大丈夫です。ある日、「あれ！　適当に切っている」という顛末を辿ることが多いようです。

⑷何度も注意してしまう

教師　子どもが思春期に入ると、保護者からの相談で、言い聞かせようと何度も同じことで注意してしまいます。これでは子どもとの人間関係がおかしくなるので、いけないと思いながらやめられません。どうしたらよいのでしょうか、というものが増えます。どうしたらよいのか、私にもよく分かりません。よいアドバイスをいただきたく思います。

私　学校の先生もその辺りは大変ですね。むずかしい課題だと思いますよ。つい、あなたのことが心配だから言っているのよ、とか言いやすいのですが、これがなかなか伝わりませんね。実は、私もこういう課題への対応の仕方を、保護者から学びました。繰り返しになりますが、保護者の力は偉大です。子どもへの台詞として覚えてもらいましょう。「一回しか言わないからよく聞いて！　あとは自己責任だからね」。一日一回、それ以上は言わない。繰り返し言っても効果はないし、子どもとの関係もおかしくなるから、この台詞しか言わないようにしたところ、この台詞を聞くと、子どもの方がニヤリとし始めました。ご慧眼拝し奉り感涙の限りです。

(5) 女の闘い

教師　保護者さんから姉妹に関する相談がありました。小さいころはとても仲の良い姉妹だったようですが、最近よくケンカするようになったということです。私は姉妹を二人とも知っているのですが、特に心配な子ではないので、保護者さんにこうアドバイスしてしまいました。「お母さん、これは女の闘いですから、お母さんの出番です。ぜひ娘さんに、ケンカするほど仲が良いというので、お母さんは嬉しいけれど、今日はバトルだ、はっけよい、のこった！　とやったら、多分娘さんはバカらしいと言って、平和が戻りますよ」って、このアドバイス、ふざけすぎというか、これでよかったのかと心配になりました。小栗さんはどう思われますか？

私　これ以上のアドバイスは私にも思いつけませんよ。相談をウエットに受け止める先生もいますが、それはケース・バイ・ケースだと思います。先生はこの姉妹をよくご存じのようですし、これは大変だと受け止めて、お母さんを混乱させるのが得策とも思えません。よろしいのではないかと思います。まあ、お母さんに、その後どうですか、と聞いてみられても罰は当たらないと思いますが。

教師　実は、お母さんに聞いてみました。そうしたら、その後ケンカが起こっていないので、あの台詞を使う機会がないとのことでした。

私　先生、人が悪いですよ。あ〜、先生のことを心配して損しちゃった。でも、結論として、先生の対応は間違いではないと思います。その娘さん、どんな姉妹なのか興味が湧きましたね。また、機会があれば、事後報告を期待していますよ。

教師　ありがとうございます。また何かあれば相談させてください。

おわりに

本書は、私にとって七冊目の著作である。

そもそも、このように本を書くことになろうとは、全く予想もしていなかった。なぜなら、作文が大の苦手だったからである。学校で遠足などの感想文、「楽しかったです」としか書かないので、教師に「何が楽しかったのかを書きなさい」と言われ続け、それがトラウマになった。大学でも主任教授から「小栗くん卒業できると思っているの」と言われた。

それがこんなことになったのは、たぶん私が拍子抜けするほどの「好きもの」だったからである。今まで出会ってきた人はもちろん、動物、植物、石や岩、その他もろもろ、忌み嫌った経験がただの一度もないのだ。もちろん既述のように嫌な思い出はある。しかしそれは私の感情であって、その原因を作った人への嫌悪感は起こらない。「好きもの」（本来は別の意味？）とはよく言ったものである。

以前ある編集者から、「小栗さんの出会ってきた人のことを書いてほしい」と頼まれた。「出会った人ではなく、僕の頭の中に住んでいる人のことなら書くよ」と引き受けた。それが今も続いている。作文嫌いは全く変わっていないが、人を表現することは嫌いではないからだと思う。本書に登場していただいた、頭の中の支援者の方々、支援者中の支援者である、頭の中の保護者の皆さん、ありがとう。

［著者紹介］

小栗正幸（おぐり・まさゆき）

岐阜県多治見市在住。法務省に所属する心理学の専門家（法務技官）として、犯罪をした人や非行のある子どもの資質鑑別に従事し、京都、大阪などの少年鑑別所や成人矯正施設に勤務した後、宮川医療少年院長を経て退官。現在は各地の教育委員会、学校、児童福祉関係機関、発達障害関連の「親の会」等への支援と研修を行っている。専門領域は、思春期・青年期の逸脱行動への対応。所属、特別支援教育ネット代表、三重県教育委員会事務局特別支援教育課発達障がい支援員スーパーバイザー、四日市市教育委員会教育支援課スーパーバイザーなど。一般社団法人日本ＬＤ学会名誉会員、代議員、編集委員。主著、ファンタジーマネジメント（ぎょうせい）、支援・指導のむずかしい子を支える魔法の言葉（講談社）、思春期・青年期トラブル対応ワークブック（金剛出版）など。

続・ファンタジーマネジメント

支援者を呪縛する煩悩との対話

令和３年２月１日　第１刷発行

著者　小栗正幸

発行　株式会社ぎょうせい

〒136-8575　東京都江東区新木場1-18-11

URL：https://gyosei.jp

フリーコール　0120-953-431

ぎょうせい　お問い合わせ　検索　https://gyosei.jp/inquiry/

〈検印省略〉

印刷　ぎょうせいデジタル株式会社

※乱丁・落丁本はお取り替えいたします。

ISBN978-4-324-10920-5（5108667-00-000）［略号：続・ファンタジーマネジメント］